LE ROY DE FRANCE

ROY ET EMPEREUR

A la Bibliothèque Nationale
V. Bouton

WAPENBOECK

OU

ARMORIAL

DE 1334 A 1372

CONTENANT

LES NOMS ET ARMES DES PRINCES CHRÉTIENS
ECCLÉSIASTIQUES ET SÉCULIERS SUIVIS DE LEURS FEUDATAIRES
SELON LA CONSTITUTION DE L'EUROPE
ET PARTICULIÈREMENT DE L'EMPIRE D'ALLEMAGNE
CONFORMÉMENT A L'ÉDIT DE 1356,
APPELÉ LA BULLE D'OR

PRÉCÉDÉ DE POÉSIES HÉRALDIQUES

PAR

GELRE, HÉRAUT D'ARMES

PUBLIÉ POUR LA PREMIÈRE FOIS
PAR M. VICTOR BOUTON
PEINTRE HÉRALDIQUE ET PALÉOGRAPHE

ARMORIAL

Le Roy de France

La Loy Salique

N.-V. BOUTON, ÉDITEUR

15, RUE DE MAUBEUGE
PARIS

41, RUE SAINT-JEAN
BRUXELLES

1897

BRUXELLES — FR. GOBBAERTS, IMPRIMEUR DU ROI
Rue de la Limite, 21

LES ORIGINES

L'ordre dans lequel le Héraut Ghelre a placé les Provinces et les États — de même que les familles et les individus — dans cet Armorial, est, disons-nous, un ordre de preséances : c'est l'ordre social tout entier.

Sur le premier feuillet ou la Planche I qui ouvre le T. II, il a placé l'Empereur, DIE KAYSER, celui qui est l'Empereur, l'arbitre suprême de l'Europe, de quelque maison qu'il soit élu, choisi, accompagné des Princes libres qui, encore à cette heure du XIVe siècle, — avant tous les autres et en dehors de tous ceux qui suivent, — n'étaient les feudataires d'aucun d'eux, ni des Princes ecclésiastiques, ni des Princes séculiers : c'est un groupe indépendant de onze princes : Thuringe, Lorraine, Bar, Landau, Bade, Daun, Neubourg, Monferrat, des pairs égaux du duc de Luxembourg qui est l'Empereur.

Ce sont des primitifs.

Après eux suivent les trois grands Princes-Évêques de Mayence, de Cologne et de Trèves, à la fois séculiers et ecclésiastiques, étendant une suzeraineté plus nominale qu'effective sur des feudataires parfois plus puissans qu'eux. Quoique électifs eux-mêmes, ils sont, ces trois Électeurs ecclésiastiques de l'Empire, sur des sièges presque toujours occupés par des Comtes, puînés de Princes ; ils représentent les fondements religieux de l'Empire dont la consécration est à Rome ; ils sont les premiers par la succession de ceux qui ont fondé le Christianisme au cœur du pays des Sicambres et des Francs ; car il ne faut pas oublier que ceux qui organisèrent ces Provinces et les arrachèrent à la religion sanguinaire des Druides et du Dieu Thor, étaient des Princes, enfans de Rois, descendants des premiers Chefs élus : ce sont eux qui, changeant leur sceptre de commandement en bâton pastoral, bâtirent des chapelles, fondèrent des abbayes, réorganisèrent les tribus, les petits peuples, au moment où le monde romain s'écroulait, et jetèrent les bases de la nouvelle civilisation : L'Église les a mis à juste titre au rang des Saints. Ils portaient la croix, le casque et l'épée.

Et remarquez combien il y a, plus qu'on ne croit, d'unité dans la vie humaine, et quelles traditions constantes la conduisent, la mènent et la gouvernent : après douze siècles, à travers Bysance, à travers Charlemagne, à travers les Croisades où l'Occident va se retremper à sa source, à l'Asie, — on voit l'Asie qui reflue, l'Orient qui remonte à nous : c'est Lucifer, le porte-lumière qui a conduit les Trois Rois Mages, des déserts de l'Abyssinie, des plaines de l'Arabie et des vallées de l'Euphrate ou de l'Indus, Pharsis et Saba, jusqu'à Bethléem ; c'est Lucifer l'Étoile des Mages qui, reprenant son chemin mystérieux, les conduit et les pousse à venir reposer leurs os à l'endroit même où vingt siècles auparavant les peuplades asiatiques étaient venues jeter les assises du premier empire du monde, l'Empire Catholique, Apostolique et Romain, dont la Chapelle de Cologne est un des temples vénérés. Ils y sont encore, constatant par leur présence l'unité de la race humaine.

Après Mayence, Cologne et Trèves, le Héraut Gelre place le Roy de Bohême qui est à la fois Grand-Duc de Luxembourg et Empereur Charles IV : il est le premier Prince séculier et ne passe qu'après les trois Princes-Évêques. — Viennent ensuite le Palatin Comte du Rhin, le Duc de Saxe, le Margrave de Brandebourg, le Duc de Bavière, le Duc de Souabe, le Margrave de Nuremberg et l'Évêque d'Hildesheim. Ils représentent chacun une des peuplades diverses qui, venues du fond de l'Asie en suivant les deux rives du Pont et le cours du Danube, se sont arrêtés dans la vallée du Rhin pour s'étendre ensuite vers les rives du Veser et de l'Oder ; la marche qu'elles ont suivie dans l'histoire est celle que le Héraut Gelre indique, constate, après 40 siècles, *à la manière* des Hérauts, par l'ordre et la représentation des Armoiries.

*
* *

Cette manière éclatante et grandiose fait mal aux yeux des « savants » de nos jours, et nous assistons à un singulier spectacle : on dirait que nous sommes menacés d'un complet écroulement, d'un débordement de la race semitique, d'une invasion souterraine montant à la surface, comme le déluge des grandes eaux. On étouffe comme à la veille d'un coup de tonnerre, tout s'obscurcit dans l'entendement humain. Le passé devient gênant, il offusque, il blesse. La nuit se fait.

La science actuelle qui tâtonne dans cette nuit du passé, amoncèle dans ses musées les silex et les bronzes, les ornements, les épées, les bijoux, les haches, les armes offensives et défensives tirées des sarcophages, des tumulus, des nécropoles. Devant ces témoignages, — je ne dirai pas muets puisqu'ils parlent aux yeux, — l'ombre reste épaisse sur les origines des générations disparues.

Cette science moderne, que l'Institut de France devrait représenter, semble frappée de paralysie ; quelques sémites tentent de la fausser.

Au siècle dernier et au commencement de celui-ci les recherches histori ques, archéologiques, ethnologiques avaient fait de grands pas. On interrogeait les monuments ; on coordonnait les historiens ; on suivait la trace des migrations des peuples de l'Asie et du Nord sur l'Occident et le Midi ; on supputait l'origine du monde, et de la Genèse à la Guerre de Troie, de la chute de l'Empire romain jusqu'à nous, on comptait les générations.

Aujourd'hui la science recule. Les découvertes se font, mais on les étouffe, pour les exploiter en dessous. Les Juifs font les ténèbres, associés à quelques mercantis. Allez au Musée de Saint-Germain et dites-nous à quoi il sert et ce qu'il nous apprend : quelques phrases banales et menteuses dans une espèce de catalogue, pour dérouter ceux qui cherchent la lumière et la vérité. Interrogez les travaux de l'Institut, de l'École des Chartes, de nos Archives et de nos Académies, tout est vuide : le Juif préside à tout et fait les ténèbres sur tout ; il fouille les archives et falsifie les chartes ; il détruit tout pour s'imposer à tout. — Il est temps d'arrêter cette destruction.

J'entreprends d'expliquer ici, le Héraut Gelre sous les yeux, la Chronologie générale des peuples de l'Europe et la Généalogie des familles qui les ont conduits. Au moment où « la Science nous balbutie chimiquement comment le premier homme a été formé, avec ou sans la main de Dieu, sous un souffle inconnu, au Caucase ou au mont Ararath, en Arménie ou sur les rives de l'Indus » — je prends tous les savants, je résume tous les travaux antérieurs, et je vois les migrations successives des peuples qui, venus de l'Asie par les deux rives du Pont, ou par l'Hellespont, en face de Troie, ont remonté le Danube jusqu'au Rhin où ils se sont reposés, établis et fixés. Et quand, de Hérodote et Xenophon jusqu'à Jean Potocki, on vous dira qu'après la guerre de Troye, la race homérique quittant son pays a suivi ce chemin pour ne s'arrêter qu'au pays des Sicambres; quand l'histoire vous répètera avec Tacite que les légions romaines retrouvèrent là ces Troyens qu'ils ont appelés « les hommes durs », les Germains de la Petite Germanie ou les Francs ; quand elle nous montrera que, de Jules César aux derniers Empereurs envahissant la Gaule par le Rhône et les Alpes, les chefs militaires, les gouverneurs des cités, ceux qui creusèrent « les grands chemins » de l'Europe, s'arrêtèrent ici et là, s'y établirent, « s'habituèrent » dans les pays envahis par eux, y fondèrent des familles avec les filles des vaincus ; quand on vous fera voir par les monuments, que leurs devises, leurs signes distinctifs, leurs symboles, leurs instruments, leurs étendards sont devenus des Armoiries ; et quand vous comprendrez cette succession des temps, ces alliances des peuples, des familles et des individus — vous aurez le sens, l'intuition, la vue véritable des découvertes de l'Archéologie : les Musées alors parleront à vos yeux et vous diront ce dont les Juifs de l'Académie des Inscriptions ne savent pas le premier mot.

Je sais bien que quand on parle du Déluge ou de la Guerre de Troye, qui n'est pourtant pas si loin, les savants officiels font une grimace, ou éclatent de rire comme des perroquets : ils en refoulent la date dans les brouillards de l'immensité des temps. Quand dans nos lycées, nos collèges, nos institutions, on nous parle des migrations des peuples, des invasions, on nous jette à la tête que ce sont des « barbares » ; ils sont tous laids ! On ne nous explique rien, on ne nous apprend rien : une sainte horreur s'empare de nous ; les siècles n'ont ni commencement ni fin, tout se fond dans une pénombre eternelle ; on ne coordonne rien, on ne se rend compte de rien.

Nous devons rompre avec ce courant. Par les grands souvenirs que les Armoiries renferment nous voulons recueillir et conserver les familles pures de la boue des sémites. Nous entrons immédiatement dans l'Histoire et nous n'en sortirons pas.

* * *

Tacite et tous les historiens, il est bon de le répéter, donnent le nom de « Barbares » à ceux qui n'étaient pas soumis à l'Empire romain, et en général on donne le nom de « Barbares » à ceux qui ont une autre civilisation que la nôtre. —. Pour nous, il n'y a pas de Barbares, et nous allons le démontrer.

Quand les Cimbres et les Teutons, les Sycambres et les Celtes « reculant devant un débordement de la Baltique », descendant vers le Sud, attaquent les Légions romaines, — « leurs cavaliers, disent tous les historiens, au nombre de quinze mille étaient magnifiquement parés ; leurs casques se terminaient *en gueules béantes* et *en mufles de bêtes sauvages*, surmontés de hauts panaches semblables à des ailes ; ils étaient couverts de cuirasses de fer et de boucliers dont la blancheur jetait le plus grand éclat ; ils avaient chacun deux javelots de silex à lancer de loin, et dans la mêlée ils se servaient d'épées longues et pesantes (de bronze). » — Après dix à douze siècles, au XIVe, le Héraut Gelre nous les montre encore dans toute leur splendeur, et aujourd'hui, après plus de deux mille ans, les costumes et les armures des armées modernes ne nous offrent rien de plus beau.

Lorsque César, maître de la Gaule, refoula les peuplades de la Gaule Belgique qu'il appela la Petite Germanie, c'est-à-dire du Pays des Sicambres et des Francs, entre la Meuse, la Moselle et le Rhin, et poursuivit Arioviste jusqu'à Coblence, — « il posa comme une maxime politique qui devait guider à jamais ses successeurs, de ne point chercher à porter les aigles romaines au-delà du Rhin : ce fleuve devait servir, du côté de la Gaule, de frontière à l'Empire, resserrant ainsi la grande Germanie, la Germanie indépendante, entre le Rhin et le Danube. » Plusieurs Chefs de Tribus « vinrent à Rome recevoir le titre de *Citoyens* ou de *Chevaliers*, et bon nombre de leurs guerriers formèrent plus tard la garde personnelle de l'Empereur » : — C'est *un de ces Chevaliers*, Herman, qui bientôt, lorsqu'Auguste « voulut réduire en Province romaine les pays voisins du Rhin », écrasa Varus et ses légions ; et tandis qu'Herman, formait au Nord de la Germanie la Ligue formidable des Chérusques, — « Marbod, élevé comme lui, comme lui Citoyen et Chevalier Romain, fondait dans le Sud le puissant Royaume des Marcomans. » On voit par là que ces « Barbares » étaient assez civilisés, car Flavus, frère d'Herman, dans une entrevue avec son frère, était couvert des « décorations militaires » des Romains. De son côté Herman, vainqueur de Varus et chanté par les Bardes [qui sont les prédécesseurs des Hérauts], eut son sanctuaire et sa statue l'*Herman-Saül*, « mystérieux symbole représentant à la fois la Patrie, un Dieu et un Héros. » Cette statue, couverte des vieilles armes des Germains, avait à sa gauche une balance, dans la droite un drapeau où se voyait une *rose*, et sur son bouclier un *lion*. — Nous y voyons l'origine des armoiries de grandes familles qui n'ont pas quitté depuis près de vingt siècles les rives du Weser, le fleuve de Varus.

Quarante-sept ans après la mort d'Herman, dans une autre lutte pour leur indépendance, une partie des Cattes est conduite, dit Tacite, par « les plus nobles de la nation, et Civilis, issu d'un sang royal, surpassait en illustration tous les autres Bataves. »

Cessons donc d'appeler « Barbares » les peuples qui ne pensent pas comme nous. Quelle différence y a-t-il entre leur organisation sociale et la nôtre ? Aucune. Ils avaient une Noblesse, des Princes, des Armoiries. Leurs Beaux-Arts ? Nous ne les connaissons pas, et la Colonne Trajane est encore à examiner à notre point de vue. Nous ne savons rien d'eux que par Tacite, un Romain. Néanmoins, en interrogeant l'occupation romaine sur les deux rives du Rhin et du Danube depuis César jusqu'au IIIe siècle de notre ère, la révolte de Civilis nous fournit d'autres indices relatifs aux Armoiries : — « Ici flottaient les insignes romaines des vieilles cohortes bataves renvoyées d'Italie à Mayence ; là les étendards germaniques et les *simulacres d'animaux sauvages* tirés du fond des bois consacrés pour aller au combat. » Ils avaient donc des étendards armoriés, et *la faune préhistorique*, les animaux sauvages qu'ils avaient détruits et empaillés, — passez-moi le mot, — dont ils avaient su conserver les figures par des procédés industriels que nous n'avons pas encore découverts, — marchait pour ainsi dire devant eux. Aucun doute ne peut s'élever sur ce point et nous empruntons nos citations au travail d'un membre de l'Institut, Philippe Le Bas, édité par Didot.

Le Bas, d'après tous les historiens, en jetant son coup d'œil rapide sur les tribus diverses de la Germanie venant battre sans cesse les frontières de l'Empire le long du Danube et du Rhin, depuis la Dacie et la Pannonie jusqu'au Nordgau, tout le long de la Forêt Noire jusqu'à la Frise, n'en recherche pas les origines et s'en rapporte aux récits de Tacite, mais il observe très bien les fluctuations successives des frontières, au moment où le monde s'ébranle et se met pour ainsi dire en marche, de l'embouchure du Rhin à celle du Dniestr, et de Fribourg à la Vistule ; il faut remarquer aussi deux choses, à propos des invasions : c'est qu'il faut distinguer la Tribu, de la Cohorte qui va s'emparer d'un pays.

Ainsi, sous Marc-Aurèle, les Daces sont attaqués par les Bastarnes et les Alains, que les Goths commençaient à pousser devant eux. Vers 213, sous Caracalla, il est question pour la première fois des *Alemans* : c'est la réunion des anciennes Tribus entre le Mein et les Alpes. Au-dessus des Allemans, entre le Rhin, le Mein et le Weser voyez la carte de Peutinger], est un pays qui porte le nom de *Francia;* c'est une confédération où se trouvent des Sicambres et des Cattes ; on ne rencontre le nom de *Francs*, Hommes libres, pour la première fois que vers 540. — Au Nord-Est des Francs se trouve au IIIe siècle la confédération des Saxons, ainsi appelés de leur arme favorite la *courte épée.* — En même temps se montraient vers l'Est de la Germanie des peuples qui devaient hériter de l'Empire Romain, les Goths, les Alains et les Vandales. Dès 211, les Goths paraissent sur le Danube intérieur; selon Jornandès ils seraient sortis de la Scandinavie et ils s'étendirent de la Baltique à la Mer Noire. — Les Vandales sont à l'Ouest des Goths, le long des rives de l'Oder, sur les côtes de la Poméranie et le Mecklenbourg : Pline et Procope les regardent comme une partie des Goths, avec les Hérules, les Burgondes et les Longobards. — Les Alains sont un peuple sorti de l'Asie, ayant habité longtemps le Caucase et ce n'est qu'en reculant devant les grandes migrations des « hordes asiatiques », qu'il s'était rapproché de la Germanie. « Tous sont prêts : les Chefs des Hums leur montrent l'Occident. »

Il faut bien se pénétrer de ces faits, de cette marche des peuples, de ces perturbations, de ces allées et venues pour bien comprendre le monde qui en est sorti, et qui est resté debout jusqu'au XIVe siècle et qu'on a appelé le Moyen-Age.

*
* *

Quand tout ce « monde *Barbare* » se met en marche franchissant toutes les frontières du « monde romain », une des premières invasions faites sur le territoire Romain est celle des Francs. Ils passèrent le Rhin plusieurs fois, et l'Empereur Julien permit à une de leurs tribus, celle des Saliens, de rester sur le territoire dont ils s'étaient emparés. Tacite nous a laissé les details relatifs à l'organisation de ces tribus ; quant aux Chefs, qui sont-ils ? « Ceux qu'ont illustrés le souvenir des exploits de leurs pères ou les leurs, et au-dessus d'eux se trouve d'ordinaire une antique famille, revêtue seule d'une sorte de caractère sacré et qui a le privilège de fournir des Rois à la nation. *Les Francs prenaient les leurs dans la famille de Merowig.* » Rappelons aux générations présentes ce passage de Tacite : « Une naissance illustre ou les services éclatants d'un père donnent à quelques-uns le rang de Prince dès la plus tendre jeunesse. Les Princes combattent pour la victoire, les compagnons pour le Prince. » C'est ce qui a fondé la Nationalité Française sur la Gaule Romaine ; c'est ce qui a sauvé la France au XIVe siècle, c'est ce qui a guidé Jeanne d'Arc au XVe ; c'est ce qu'on a appelé « les Lois fondamentales de la Monarchie Française. » Les Lois Saliques de Merovée : c'est ce qui demain peut seul encore sauver la France et la remettre sur le chemin de ses grandes destinées interrompues par une invasion de sectaires et de Juifs, une plaie et un fléau.

En constatant ici l'aveu d'un historien incontesté reconnaissant l'origine de la première race de nos Rois, nous l'opposons à ce tas d'esprits forts et étroits qui depuis la fin du siècle dernier ont traité de fables et de chimères les Généalogies tirées des Chroniques.

Il est d'abord constant qu'après le siège de Troye, les Princes de la famille de Priam, les Chefs de l'armée, les vaincus en un mot, furent obligés de fuir, de s'exiler. Les uns s'embarquèrent pour l'Italie avec Enée, d'où le Poëme historique de l'Eneide et, comme le dit le P. Ménétrier lui-même, nous voyons que « la plupart des Romains se disaient descendus des Troyens dont Valère Maxime, dans le Recueil de ses Histoires a fait un article de ceux qui sont entrés dans les anciennes familles. » Les autres avaient devant eux le chemin ordinaire qu'ont pris toutes les races asiatiques, celui de l'Hellespont et de la Cherson ou Crimée, ou, débarquant aux bouches du Danube, ils suivirent la route du fleuve jusqu'à la Forêt Noire pour s'établir au pays des Sicambres où se trouvent aujourd'hui Mayence, Coblence et Cologne. Le plus ancien de ces Princes Troyens ou de ces Ducs, *Duces*, dont l'histoire a gardé la trace, au témoignage de Tacite, est

Antenor, « ad Danubii primum ostia considentium Rex creatus », qui combattit les Scythes pour se frayer un passage et mourut en 440 avant notre ère : — un de ses fils, Marcomir fut le premier de la race Troyenne qui régna à l'embouchure du Rhin, entre la Frise, le Gueldre et la Wesphalie; mort en 412 avant J.-C.; — son fils Antenor II lui succéda et mourut en 382 ; — son fils Priam, reprenant le nom d'un ancêtre, fut le 3e Roy Sicambre de la race Troyenne, fonda *Neomagus*, Nimègue ; mort 336 ante Christum ; — son fils, appelé Helenus pour garder aussi un de leurs noms asiatiques, lui succéda, battit les Gaulois à Tongres et mourut 331 av. J.-C. ; — son fils Dioclès, 4e Roy Sicambre, secourut les Saxons contre les Goths, obiit 298 ; — ses quatre fils furent : Helenus II, 5e Roy Sicambre ; Basanus qui fut 6e Roy, fit fleurir les sciences, fonda Basaburgum, m. en 248 ; Priam et Nicanor, Duces in bello. — Le fils aîné de Basan, 7e Roy Sicambre, battit les Gaulois entre la Meuse et le Rhin, mort 230 av. J.-C. — Son fils Nicanor, 8e Roy, mort 196 ans ante Christum ; — Son fils Marcomir II, 9e Roy Sicambre, battit les Romains, les Gaulois et les Goths ; — Clodius son fils, 10e Roy Sicambre, combattit les Romains envahissant la Gaule, 157 ans av. J.-C. ; — son fils Antenor III, 11e Roy Sicambre, anno 131 ; — son fils Clodomir, 12e Roy Sicambre, a° 121 ; — Mérodac son fils, 13e Roy, battit plusieurs fois les Gallo-Romains et fut vaincu par Marius, 93 ans av. J.-C. ; — Cassandre, 14e Roy, a° 62 ante Christum. — Antharius son fils, 15e Roy, ravagea la Gaule, détruisit Mayence, et mourut 37 avant J.-C. — Son fils Francus, 16e Roy Sicambre, et premier Roy des Francs, est le premier qui imposa le mot de Francs aux Sicambres, mort neuf ans avant la naissance du Christ : il eut trois fils, 1° Herimer qui régna après lui, Marcomir III qui succéda à Hérimer, et Frisius créé Roy de la Frise.

Marcomir III ci-dessus, 5e Roy des Francs, 20e des Roys Sicambres, mort en l'an 62 eut pour fils — Anténor IV, 21e Roy Sicambre de la race Troyenne, 6e Roy des Francs, périt par la rupture d'un pont en traversant la Meuse, et « beaucoup de noblesse » avec lui, an 69. — Son fils, Rather ou Rathero, 7e Roy, fondateur de Rotterdam, *Ratherodamii* en Hollande, vainquit plusieurs fois les Gallo-Romains et fut chanté par deux Poëtes Arebald et Huribald, anno 90. — Son fils Richmer, 8e Roy des Francs, 23e Roy depuis Antenor, fut un heureux triomphateur des Gallo-Romains et des Goths, mort en 114. — Son fils aîné Odomar, 24e Roy, fonda Odmarsheim, m. 128. — Marcomir IV, 25e Roy depuis Antenor, sous qui fleurit Vastald, célèbre écrivain allemand, mourut en 148 : il eut un frère Suimo ou Sunno qui fonda Francfort sur l'Oder et plusieurs fils entre autres — Clodomir IV qui lui succéda, Marcomir qui fonda Marcobourg ou *Marbourg*, Francus qui fonda Francofort s. le Mein.

Clodomir IV, 26e Roy mourut en paix en l'an du Christ 165 ; — son fils Farabert, 27e Roy, combattit les Romains, obiit ao 186 ; — son fils Sunno ou Hunno, surnommé Velphus, 28e Roy, lui succéda m. 214 ; — son fils Hilderic, 29e Roy depuis Antenor, 14e des Francs, fonda Hildeburg à l'embouchure du Rhin, mort en 253. — Barther 15e Roy des Francs, m. en 271, eut pour fils et successeur, — Clodio II mort en 298. — Son fils Gualterus [Gautier, Walther, Wauthier], 32e Roy depuis Antenor, 17e depuis Franco, mourut en 306 — Son fils Dagobert est légendaire par son équité et sa bonté : mort en 317, il eut trois fils : Clogio qui fut le 34e Roy, mort en 319 ; Clodomir, 35e Roy, *qui suit* ; et Genebald, premier Duc de Franconie, *qui vient après*. — Clodomir 35e Roy agrandit son royaume, mourut en 337 laissant deux fils — Richimer, 36e Roy, qui attaqua les Gallo-Romains et fut tué en 350 : — Son frère, Theodemir, 37e Roy, fut père de Clogio, 38e Roy qui assiégea Cambray et étendit le royaume des Francs jusqu'à la Somme, an 378. — Son fils Marcomir, dernier Roy des Francs de la branche aînée, écrasa les Romains près de Cologne et fut assassiné en 393. Après un interrègne de son frère, ses trois fils, Genebald, Marcomir et Sunno, furent Ducs, *Duces*, avec quelque territoire, et deux fils de Genebald, inhabiles à regner sur la rive gauche du Rhin, restèrent Grands Ducs, *Magni Duces* et s'établirent en Franconie : d'eux descendent plusieurs maisons princières d'aujourd'hui. Ils laissèrent le trône à Pharamond descendant de Genebald frère de Clodomir le 35e Roy.

Quelques docteurs allemands qui croient que le monde n'a commencé qu'avec les archives dont ils ont la garde, *n'admettent pas* ces généalogies : Tout ce qui vient avant Henri L'Oiseleur est fabuleux ; ils préfèrent la nuit.

Ce Génebald, frère de Clodomir, premier Duc de Franconie, c'est-à-dire du pays au-delà de Mayence, était mort cependant en 356, laissant pour fils, — Dagobert, 2e Duc de Franconie, qui fit la guerre aux Treviriens et mourut en 377. — Son fils Clodio, 3e Duc de Franconie, plusieurs fois vainqueur des Romains, mort en 398, laissa — son fils Marcomir, 4e Duc, mort en 402, père de Pharamond qui devint Roy des Francs, et de Marcomir qui resta après Pharamond, Duc de Franconie et continua la race des Ducs de Franconie.

Les historiens ordinaires, qui ne s'occupent ni des guerres des Romains dans la Gaule Belgique, ni des Francs qui passèrent le Rhin et disputèrent la Gaule aux Romains, « Gesta veterum Francorum », n'ouvrent leurs récits qu'à partir de Faramond. Ce sont pour eux des temps *irréguliers*.

⁂

Pharamond, de Duc de Franconie devenu Roy des Francs, établit les Lois écrites, les Coutumes antiques qui formaient le Code des Tribus Franques : ces lois, dites *Saliques*, du nom des Francs Saliens, furent établies du consentement des Princes et des Chefs de la nation au sein des Assemblées du peuple. La « Loi Salique » a fondé la Nationalité Française et lui a donné quatorze siècles de grandeur. Pharamond mourut en 430, ou selon le P. Anselme en 427, laissant pour fils Chlodion, le Chevelu, roi des Francs, qui soumit la Bourgogne, réunit l'Aquitaine presque entière à ses États, mourut en 428 selon les uns, en 448 selon d'autres, fut enterré à Cambray laissant deux fils : 1° Alberic ou Albero ou Adelbert qui fut Prince d'Alsace, du Pays Mosellan, des Ardennes et du Brabant, mort en 491 ; dont le fils et héritier Wambert, mort en 528, eut pour fils et successeur Ansbert, Sénateur de Rome, Duc et Marquis de l'Empire Romain pour tout le pays entre le Rhin et l'Escaut : C'est de lui que descendent les Rois et les Empereurs de la race dite Carolingienne ; 2° Mérovic ou Merovée, qui donna historiquement son nom à la race Mérovingienne, fut le 42e roi des Francs ; son royaume s'étendit jusqu'à Paris et à Sens ; depuis ce temps la Gaule prit le nom de France ; c'est Merovée qui, avec Aëtius chef de légions romaines, Theodoric roi des Wisigoths, et Ferreolus patrice Gallo-Romain, combattit Attila dans les plaines de Châlons au pied de la Montagne de Reims ; il mourut en 457 ou 458. — Son fils Childéric I ajouta à son royaume les provinces d'Orléans et d'Anjou ; il mourut en 481 ou 484 laissant pour fils et successeur — Clovis Ier le Grand, qui défit les Thuringiens et les Wisigoths, s'empara de Toulouse, d'Engoulême, de Cambrai, de Cologne, vainqueur à Tolbiac il fut roy des Francs et des Germains c'est-à-dire des pays appelés par les Romains la Gaule et la Gaule Belgique ; il mourut en 511 d'après le P. Anselme.

∴

Avant d'aller plus loin, faisons remarquer que tous ces princes eurent plusieurs femmes légitimes ou *amies* qu'ils répudiaient mais dont les enfants étaient tous reconnus, restaient avec le père, faisaient partie de la famille comme légitimés : sous la Monarchie personne n'était chassé du toit paternel pour sa naissance et personne ne mourait de faim. Tous etaient nantis d'abbayes ou dotés de territoires : on leur enseignait la conduite du peuple armé. Le P. Anselme rapporte que Clovis I eut d'une première femme un fils Thierri de Theodoric qui fut apanagé de la ville de Metz ou d'Austrasie, mort en 544, dont le fils Theodebert et le petit-fils Thibaud, Theobald, furent Gouverneurs, Ducs ou Rois d'Austrasie, après lesquels leur oncle Clotaire I *reprit* cette province en vertu de la coutume ou Loi Salique. — Les autres frères légitimes de ce Thierri furent Clodomir roi d'Orléans, Childebert roy de Paris, et Clotaire I roy de Soissons qui réunit les royaumes en sa main. — Mais l'héritage de Clotaire I fut aussi divisé et son 5e fils, Sigebert, eut pour sa part l'Austrasie, mais Clotaire II son frère, roy de France la reprit avec la Bourgogne peu après, et Dagobert I fils de Clotaire II, ayant eu d'une 3e femme un fils S. Sigebert, il détacha une 3e fois l'Austrasie du Royaume pour en doter ce prince ; — puis le fils aîné de Dagobert I, Clovis II roy de France, la réunit de nouveau à la Couronne, pendant la minorité de S. Sigebert. Ces partages, ces divisions, ces guerres entre les frères et neveux augmentèrent la puissance des Maires du Palais entre les mains desquels les Mérovingiens s'éteignirent dans la personne de Childéric III qui fut déposé, en 751-752, par l'Assemblée des Grands — c'est-à-dire des parents, des gendres, des cousins, qui étaient les Conducteurs de la Nation et s'entrecroisaient dans une espèce d'anarchie.

∴

Puisque le Héraut Gelre est entre nos mains et que nous avons pris à tâche d'établir et d'expliquer d'après les vieux chroniqueurs et les vieux armoristes, les origines et la succession des grandes familles dont quelques-unes sont encore debout, c'est notre devoir d'examiner toutes les sources, quoique diverses et contraires, et de dégager la lumière de tous les historiens. Et ce devoir est d'autant plus impérieux pour nous, à cette heure, que les vieux manuscrits et les chartes disparaissent chaque jour. Les archives des divers États, des vieilles Cités, en France, en Allemagne et ailleurs sont encombrées d'Israelites auxquels on a donné des titres mensongers de Docteurs, d'Archivistes, de Paléographes, dont le rôle, la mission et le but est de fouiller ces Archives mêmes, de détruire toutes les anciennes chartes qui gênent les Juifs et d'en glisser d'autres à la place. La France même est empoisonnée de Préfets Juifs qui de concert avec les Juifs brevetés de l'École des Chartes, voudront, *d'ici* 20 *ans*, refaire l'Histoire sous prétexte de découvrir de nouveaux documents, c'est-à-dire les documents qu'ils sont en train, à cette heure, de falsifier ou de fabriquer. L'Allemagne et l'Angleterre, pas plus que l'Italie et l'Espagne, n'échapperont à cette destruction. Ce sont les Libraires qui d'accord avec les Docteurs Juifs, et les intendants des Princes, introduisent subrepticement dans les Dépôts publics, dans les Bibliothèques des Châteaux tout un stock de livres sans valeur en échange de documents précieux, et trompent les Princes, les États et les Villes sous prétexte « d'économie » et de « bonne administration ». C'est à ces causes, il faut bien le dire et le dire tout haut, que notre publication rencontre des obstacles, et doit de n'être pas accueillie par quelques grandes Bibliothèques dont les Juifs se hâtent de dévorer le budget.

*
* *

Continuons dans l'intérêt de l'histoire et de la vérité. — Les archéologues commencent à donner raison aux Chroniques, — qu'après la chute de Troie, une colonie conduite par les Princes de la famille de Priam, était venue s'établir le long du Rhin jusqu'au pays des Sicambres, et il n'y a rien d'étonnant quand on rencontre dans les plus vieux armoriaux manuscrits les noms de Priam et d'Hector. Les *savants* qui ne peuvent expliquer la présence des *Neuf Preux* avec les armoiries trouvées au fond de la Bibliothèque d'une des plus vieilles cités, Metz, de Metz qui a eu pour Évêques des Princes Sicambres, sont tout simplement les Juifs de l'Institut de France. Dans 20 ans on vous prouverait qu'il n'y a jamais eu de Troyens, pas même de Sicambres, et que Metz, Trèves et Cologne n'ont jamais été que des Colonies sémites venues du fond de l'Asie bien avant l'ère chrétienne, — si Grégoire de Tours et Tacite n'étaient pas là.

Il est donc nécessaire d'établir, d'affirmer et de démontrer l'origine Franque, Sicambre, Troyenne, Gauloise et Romaine de toutes ces vieilles familles que le Héraut Gelre nous peint encore vivantes sur ses impérissables feuillets. — Comme nous l'avons dit ci-dessus, Merovée, Alberic et Genebald firent trois branches. En outre au même moment on trouve une 4e famille de Princes alliés à la famille royale, les Agilolfings et les Guelfes qui sont aussi de la même race, et sortis, comme les premiers, des Sicambres et des Troyens : « Porro Guelfos fuisse Francos origine, et quidem ex eis qui Troja egressi ad ripas Danubii primum, dein et ad Rheni ostia. » Placés près des marches du trône, ils étaient Ducs et d'eux sont sortis les Maires du Palais.

A côté de Clovis le Grand, l'honneur de la branche Mérovingienne, mort en 511 ou 514, nous venons de voir Ansbert Duc des Marches de l'Escaut et Clodomir Duc de Franconie. Quand les Mérovingiens s'éteignirent comme Rois, c'est de la branche d'Ansbert, petit-fils d'Alberic, que sortent les Carolingiens. Ansbert, — que quelques-uns appellent aussi Albert et disent avoir été établi Marquis héréditaire par l'Empereur Justinien, mourut en 570 laissant pour fils Arnould ou Arnulf dit le bossu ***buggisus***, Duc et Marquis de la Mosellane inférieure et des Ardennes, qui épousa Ode, fille du Duc Conrad de Suève et en eut, — Saint-Arnould, Marquis, Duc de la Mosellane et Maire du Palais, qui épousa Dode, Princesse de Saxe et mourut en 639 laissant — Andegise ou Anchise Marquis sur l'Escaut, Duc de Brabant, frère de Clodulphe, ou Cloud, Duc de Mosellane : Anchise épousa Begge héritière de Brabant et le Héraut Gelre fait mention d'eux dans sa Chronique rimée, publiée dans notre Tome Ier (p. 24 *bis*).

Dans son Hisotire de la Maison de France, le P. Anselme dit simplement que S. Arnould, évêque de Metz, « par son mérite » fut honoré par Theodebert II ci-dessus roy d'Austrasie « des plus grands emplois », et pour reconnaître ses vertus guerrières, lui donna la qualité de « Domestique », non de Maire du Palais, et le fit gouverneur des six Maisons Royales qui étaient dans les six provinces d'Austrasie : voilà un Domestique ou un Major-Dome qui ressemble assez à un Maire du Palais. Mais quand à son tour Clotaire II établit son fils roy d'Austiasie et pria S. Arnould de continuer ses fonctions près de lui, le saint Évêque laissa ce soin à son fils ; il se retira « dans les déserts de Vosge, avec S. Romaric un peu avant la mort du roy Clotaire, 628 à 630, où il passa le reste de ses jours et y mourut en 640 ou 642 ; son corps fut enterré par S. Goëric, évêque de Metz son successeur... » Ce n'étaient pas d'humbles moines, ou des anachorètes, c'étaient des gaillards à poil fondant sur une montagne bien située, le Saint-Mont, une Villa fortifiée, un Château-fort avec sa chapelle où plus tard leur petit-fils est venu chasser les fauves. Ce ***Saint-Mont*** où se retirèrent S. Arnoud, S. Romaric et S. Goëric, est près de Remiremont, où le souvenir de ces Saints est resté vivant à travers douze siècles. Malgré le P. Anselme qui en sa qualité de prêtre a cherché à gaser la vie civile et guerrière de ces Princes devenus moines, leur généalogie remonte à Ansbert. Ce Saint illustre, disons-nous, fils de Duc et Duc lui-même, épousa Doda non parce qu'il était Évêque, mais parce qu'il était Prince ; il eut pour fils S. Cloud, *Clodulphe*, d'abord aussi « Domestique », Chef de la Maison de Sigebert II, puis élu Évêque de Metz, laissant à son frère puîné la fonction de « Domestique », Maître de la Maison, *Domus* ou Palais ; il eut, selon Guillaume de Malmesbury et une autre Chronique, un fils appelé Martin, Duc en Austrasie, ce qui confirme nos observations. Enfin, son frère puîné Anchise, Sous-Maire du Palais après lui, et portant toujours son nom Troyen, épousa Begge comme tout le monde le sait, fille de S. Pepin de Landen ; il en eut Pepin dit Pepin d'Héristal, Duc et Prince des Francs d'Austrasie, ou Duc de Brabant et de Hesbaie Prince d'Austrasie, ce qui est la même chose, — père de Charles Martel, Maire du Palais de France, et du Duc Childebrand. Charles Martel « s'empara du Gouvernement de la France, battit les Saxons, les Bavarois, les Sarrasins, réduisit la Bourgogne et l'Aquitaine et fut enterré à S. Denis en 741. » Il laissa de Chotrude sa 1re femme ou de Swanhilde, fille du Roi Théode ou nièce d'Odilon de Bavière, — Pepin le Bref, d'abord Duc de Brabant et Maire du Palais, puis Roy de France, qui épousa Berthe fille de Caribert Comte de Laon et en eut — Charles 1er le Grand ou Charlemagne Roy et Empereur de France, dont les successeurs Roys et Empereurs jusque Hugues Capet sont nommés les Carolingiens et sont enterrés à S. Denis.

∴

Ouvrons ici une parenthèse. — Henning, Reussner et d'autres dressent des tables généalogiques différentes, que nous ne voulons pas passer sous silence, mais qui ne changent en rien les origines. La différence est dans les degrés : un prince héritier est-il le fils ou le neveu du précédent ? Les interprétations sont diverses ; les avis sont partagés ; les racines s'entremêlent pour former le tronc de ces chênes humains. — D'autres aussi disent que Hunno ci-dessus, dit Weliphus ou Welphus, est le second de son nom, et que de l'un des deux est descendu Adelger ou Adalgar élu Roy par les Boïes en 456, qui fut vaincu à Tolbiac en 493, abdiqua la dignité royale et se contenta du titre de Duc. Il eut deux fils : 1° Théode 1er qui fut Duc de Bavière, soumit en partie la Norique, fonda plusieurs villes en Bavière, épousa Regina-Berga qui donna son nom à Ratisbonne ; 2° Vtilo, qu'on orthographie Utilo et Wattilo, qui épousa Clotilde fille de Théodoric ou Thierry Roy d'Austrasie par laquelle il prit possession de plusieurs territoires, *ditiones*, fiefs, contrées situées entre la Meuse et l'Escaut. — Le premier eut pour fils Théode le Grand mort en 537, dont sont sorties deux branches, celle de Théode III d'où sont issus quelques rois Lombards éteints en Luitbert mort en 704 ; et celle de Theodovald éteinte en Tassilo Prince de Bavière mort en 787. — Le second Vtilo eut pour fils Hugepert ou Sigebert marquis d'Anvers mort en 563, dont le fils — Ambert épousa Blitilde fille de Clotaire roy de France et eut pour fils — Arnould dit le Bègue *Buggisus*, Marquis c'est-à-dire Duc des Frontières ou Marches de cet Empire qui sombrait, et Prince de Hesbaie — père de Saint-Arnould Maire du Palais et Duc en Austrasie (Austriae-Mosellanae). — Le fils de S. Arnould, Ansegise ou Anchise duc de Brabant et des Marches fut le père de Pepin le Gras, *Crassus*, ou d'Héristal, — père de Charles Martell, Duc de Brabant, Maire du Palais — père de Pepin — père de Charle-Magne, roi des Gaules et Empereur, — père de Louis le Pieux Empereur-Auguste et Rex Galliarum ou de France — père de Lothaire jusqu'aux derniers Carolingiens.

∴

Ces doubles tables prouvent une chose, c'est que tous ces Princes descendent de la même souche : Carolingiens et Agilolfingiens ou Guelfes, ils sont égaux, pari passu et gradu ; la seule remarque est que dans toutes

Charlemagne descend de S. Arnou qui dans sa jeunesse eut deux fils : Ansegise et Cloud, ***Anchisus*** ou ***Ansegisus*** et ***Clodolphus***, dont l'origine Troyenne n'a jamais été contestée par les historiens. Paul Diacre, en parlant de S. Arnou dit : « Venerandus iste vir, juventatis suae temporibus, ex legitimi matrimonii copula, duos filios procreavit ; id est Anschisum et Glodulphum, cujus Anchisi nomen ab Anchisae patre Aeneae creditur esse deductum. » Aemilius dit aussi : « Ab Anchise Trojano eos oriundos plerique jactitarent. » Les Archives (annales) de la Cathédrale de Metz temoignaient de cette origine : « Nos igitur Clodulphus Dux Austriae Mosellanicae, Arnulfi ducis filius, filii Arnoldi ex antiqua ac nobili Francorum Troianorumque stirpe natus... Datae Treviris anno Domini DCXLVI. » Plus tard Martin Scott et Gotfroi de Viterbe ont répété : que S. Arnou « Ansgisum Anchisis Trojani nomine *vult* appellatum. » Et cette opinion universelle accompagna et favorisa Charlemagne quand il descendit en Italie se faire couronner Empereur : Il représentait en sa personne les deux branches de la Race Troyenne, celle de Priam et celle d'Enée le fondateur de Rome. « En l'an 774, Charles fils et successeur de Pepin le Bref Roy de France, esteignit la Royauté des Lombards en Italie et la joignit à la Couronne de France. En l'an 801, le même Prince qui estoit monarque presque universel de l'Occident, ou par droit successif ou par droit de conquete, fut *proclamé* Empereur et Auguste en la ville de Rome par le Pape *et le Peuple Romain*, ravis qu'ils étoient de rétablir cette suprême dignité au lieu d'où elle avait tiré son origine. »

De la race Agilolfingienne, notée ci-dessus, qui a donné des Princes à l'Austrasie Mosellane, au Brabant, aux Ardennes, au Luxembourg, sont sortis des Ducs d'Alsace qui dominèrent la vallée du Rhin, la Rhétie, de la Suabe à la Suisse, et fondèrent un nombre de villes, de Palatia, de forteresses *qu'ils partagèrent à leurs enfants :* leur postérité la plus remarquable est celle d'Ethico ou Atticus où l'on compte Sainte Ottile, Etho comte de Brisac qui fonda le monastère d'Ethenheim, Hugues qui épousa la sœur de S. Remi, Bathico comte d'Ergowie, Eberhard comte de Murbach en 724. Mazo qui fonda Masmunster, Hugues comte de Brisach, Ruthard, souche des Comtes de Kybourg. Warin auteur des Welfes. Ottpert ou Ottbert qui hérita d'Habspurg par son oncle Luitfrid comte de Suntgau qui avait épousé Hiltrude heritière d'une plus ancienne famille d'Habspurg

« Habspurgia ultima », Théobald comte de Ferrette, etc., tous Princes indépendants, enracinés dans le sol et maîtres chez eux. — C'est ici le moment de rappeler que la maison d'Habspurg qui figure comme grand État dans notre Tome VII au « Duc d'Autriche », fait partie de cette genèse qui montre à la maison d'Autriche et à celle de Bavière leur commune origine avec celle d'Austrasie ou de Lorraine, avec les Mérovingiens, les Agilolfingiens et les Carolingiens, c'est-à-dire avec tous les descendants de la race de Priam et d'Hector.

∴

En contact avec ce groupe d'États ou de peuples qui forme nos Tomes précédents II et III, que le Héraut Gelre a placé tel qu'il est, naturellement, se trouve un autre groupe de peuples ou de tribus qui, sous le nom de Scythes ou de Slaves, sont venus aussi du fond de l'Asie par le Caucase, les deux rives de la Mer Noire, la Crimée, le Bosphore : et, refoulés les uns par les autres, ont remonté le Dniester, descendu la Vistule jusqu'à la Baltique, ont pris possession du Mecklenbourg et du Danemark, ont passé en Suède et en Norwège, et sont allés, ***sur les indices des marchands Pheniciens***, à la découverte des Isles « détachées de la Gaule », l'Angleterre, l'Écosse et les Orcades devenues une colonie de Danois.

Nous n'aborderons pas ce sujet aujourd'hui. Il fait partie d'un autre volume et c'est une des plus grandes préoccupations de la science moderne. Nous aurions pu l'exposer déjà dans nos Tomes VI et VII pour lesquels nous promettons à nos souscripteurs un supplément de Notes, faisant remarquer dès à présent que les peuples, du Borysthènes à la Hongrie sont placés par le Héraut Gelre immédiatement après le Roy de France, le successeur de Charlemagne, le véritable pivot de l'Empire d'Occident.

∴

Qu'on nous permette encore de présenter ici quelques remarques sur les peuplades asiatiques de la première poussée, le long du Rhin et des côtes de la Frise au Weser en redescendant dans la Thuringe et la Saxe. Elles s'établirent en partie dans un pays d'où la mer était à peine retirée, dans « des marais et des forêts » où ils batirent des cités lacustres et, sur les hauteurs, des forteresses pour se defendre des Animaux auxquels ils firent la chasse pour se nourrir, ou se vêtir, et qu'ils ont détruit nécessairement peu à peu. Quels étaient ces animaux, quelle était cette faune ? Les Anglais prétendent avoir dans leur musée les os d'un hippopotame venu sans doute avec une expédition d'Asiatiques, des Pheniciens, auxquels les Gallois vendaient l'*étain* nécessaire aux Bronzes orientaux : c'est possible. C'est là la Faune venue avec la race des Troyens et les tribus qu'ils entraînèrent avec eux ; la faune plus féroce qui a pu les suivre ; celle qu'ils ont pu trouver dans les Ardennes, apprivoisée ou sauvage, étaient géantes : des lions sans doute ; mais surtout des aurochs, des bisons, des sangliers, de grands bœufs dont trois paires à la fois pouvaient traîner des maisons ou plutôt des palais roulants, splendides, ornés de griffons et de sphinx ; des girafes ou cavales au long col et jusqu'à ce petit Rat de Pont, cette charmante Hermine qui est venue sur les bords de la Loire et s'y est un instant accomodée. Où est-elle, qu'est-elle devenue cette faune ? Lorsque 505 ans avant J.-C., Darius envahit la Scythie et ne s'arrêta qu'à la Vistule aux frontières de la Gallicie, devant des peuplades d'Antes et de Venèdes qui au temps de Jornandès devenues populeuses habitaient néanmoins encore « au lieu de villes des marais et des forêts », quelle faune traîna-t-il derrière lui ?

Entre les industries indispensables aux invasions, et que la faune appelle, est évidemment, avec celles des Charpentiers dont l'art ne connaissait pas de bornes puisqu'ils étonnèrent Cyrus et Attila, — celle des Fourreurs, des Tanneurs, des Pelletiers, qui durent fleurir à l'époque mérovingienne. Or, l'époque mérovingienne allant de 600 ans av. J.-C. Jusques 500 après, nous pouvons dire que les conducteurs de peuplades, les chefs de tribus, les Ducs Sicambres s'approprièrent les plus belles fourrures et les plus singulières peaux d'animaux pour s'en faire des signes de commandement et se distinguer dans leurs expéditions. Ils gardèrent ce qui les désignait et s'en coiffèrent. Ils se coiffèrent de demi-lions, s'entourèrent de peaux entières, clouèrent trois têtes de léopards sur leurs boucliers, attachèrent les ailes des oiseaux de proie sur leurs chaperons : c'est ainsi que César et Tacite nous les ont dépeints. Luitprand parle aussi des Basilics (Reguli), des Rhinocéros et des Griphons qui entrent dans les armoiries ; les Griphons ont aussi existé en Scythie comme les Licornes dont quelques specimens ont dû suivre les migrations des peuples de l'Asie du Danube au Rhin. C'est vers le IIIe siècle de notre ère que la Faune primitive a dû disparaître pour faire place à des races moins encombrantes et le Renne lui-même, si doux, s'est enfui le long du Golfe Vénédique. Mais la dépouille des Aurochs, des Bisons, des grands Bœufs, les ailes des grands Aigles abattus, bien tannées et bien préparées, ne servirent pas seulement de trophées personnels et de cimiers ; elles furent transmises avec le commandement aux aînés de la race comme un signe qu'il ne fallait pas modifier. Les Bardes chantèrent les exploits des guerriers, et dépeignirent ces trophées suspendus dans les demeures héréditaires. Les chants se transmirent. Quand les Mérovingiens s'éteignirent, Charlemagne au IXe siècle fit recueillir tous ces chants primitifs dans leurs divers idiômes ; au Xe siècle le son du cor, — ***Blasen ! Blasen !*** — les répéta de tournoi en tournoi où l'on savait s'en parer; au XIe siècle les Minne-singer continuèrent la chanson des aïeux : on entrait dans la lice des tournois coiffé des grandes ailes d'aigle, ou des cornes d'auroch transmises par les ancêtres comme un certificat d'identité : ***Blasen ! Blasen !*** Au XIIe et au XIIIe siècle les hérauts assemblaient les foules dans les vastes salles des grands Burgs et chantaient les chroniques rimées devant les trophées héréditaires : c'est lui ! le voilà ! ***Blasen ! Blasen !*** Au XIVe siècle le Héraut Gelre, comme pour clore un passé qui succombait devant l'invention de la poudre et du canon, — Gelre après avoir parcouru l'Europe, de l'Ebre à la Vistule et de l'Armorique à Constantinople, consignant sur ses tablettes, en leur rang de préséance, les armes et le nom de tous ceux qui étaient là présents devant lui, et chantant les Éloges funèbres de quelques-uns, — Gelre a fermé son livre comme une vivante nécropole, — par sa propre effigie : Il rompt ses chaînes et semble dire adieu ! — ***Blasen !*** Regardez, saluez ! Sonnez, clairons ! C'est bien lui, le voilà, l'ancêtre vivant dans sa race ! ***Blasen !***

Ce Héraut éclaire tant de choses ! Mais n'allez pas croire que je veuille tout entreprendre ou que je puisse tout dire. Je ne fais que condenser des travaux antérieurs en appelant l'attention des savants, des chercheurs, des archéologues, des linguistes, des historiens sur ces armoiries et sur ces cimiers conservés d'âge en âge jusqu'au XIVe siècle, en vous faisant remarquer en passant, qu'au VIIIe siècle la faune que l'on cherche n'avait pas encore disparu tout entière puisque Charlemagne allait dans les gorges des Vosges, à Grant, chasser l'auroch réfugié dans les cavernes qui aujourd'hui même ne sont pas encore explorées.

∴

Tout cela se tient et se lie en se déroulant à nos yeux.

Gelre a accompli sa tâche et a élevé un monument, c'est à nous de le comprendre et de l'expliquer. Puisse notre tentative aller jusqu'au bout.

Le *Kayser* qui ouvre la marche comme un symbole et qui représente un monde tout entier, n'est pas tel ou tel Empereur, c'est l'*Empire*. Lorsque l'Empire Romain se divisa, celui de Rome s'affaissa sous les invasions des Lombards, celui de Constantinople ne garda bientôt plus en Italie que Ravenne et un peu la Calabre et la Pouille. Le fils de Charles Martel roy de France, Charlemagne aussi roy de France, reprit la tradition des Empereurs d'Occident.

Il est de mode aujourd'hui de vouloir descendre de Charlemagne. Comme les grandes familles royales ou princières se sont toujours alliées entre elles, elles forment pour ainsi dire un réseau généalogique qui gouverne l'Europe et prend ses racines dans la profondeur du sol. Un héraldiste distingué a publié des Recherches démontrant que l'Empereur Alexandre de Russie, la Reine Victoria, le Roy Georges V de Hanovre, le Roy Guillaume de Prusse, le Grand-Duc Louis III de Hesse, le Prince Électeur et le Landgrave de Hesse, le Roy et le Grand-Duc de Saxe, les Ducs de Saxe-Cobourg-Gotha, de Saxe Meiningen, de Saxe Altenbourg, le Roy de Portugal, le Roy des Belges, le Roy des Pays-Bas, le Duc Adolphe de Nassau, le Roy Guillaume de Wurtenberg, la Reine d'Espagne, le Roy François II des Deux-Siciles [il aurait pu en ajouter d'autres], descendent tous de Charlemagne, évidemment par les femmes, sans parler de Rurick, de Wladislaw, de Jagello, de Piast, de Hugues Capet, d'Éric et de Witikind.

Mais il y a tant de familles qui descendent de Charlemagne et sont rentrées dans la masse de la nation que nous ne pouvons nous occuper que de celles du Héraut Gelre. Les parents des Mérovingiens établis par eux, Chefs de cohortes, Administrateurs de territoires, *États-Majors* de la Maison Royale dont le Chef était ce Major-Dome, ce Maire du Palais, ce Prince, ce Domestique, ce Duc *Major Domus Regiæ* comme Pepin le Bref, imposant sa volonté au Roy jusqu'à ce qu'il en eût la place, prirent nécessairement, par leur habileté possession de leurs *fiefs*, s'y installèrent définitivement, s'en rendirent les maîtres absolus, à la faveur de leur parentage, et par nécessité constituèrent une série de dynastes : cette évolution, cette marche en avant de l'Europe se produisit dans les 4 premiers siècles de l'Ère Chrétienne que des savants ténébreux appellent ***préhistoriques***. Ce fut le moment où le Midi de la Gaule, se détachant du monde Romain s'écroulant, remonta vers le Nord et se fondit en une seule poussée, une seule nation pour chasser Attila. Quand les Huns vinrent jusqu'à Orléans, invasion bien organisée, ils rencontrèrent des villes comme Metz qui fut rasé et de larges Oppida, comme celui de Germaniacum dans la Montagne de Reims, forteresses immenses où se réfugiaient des populations entières avec leurs troupeaux ; ils en détruisirent sur leur passage sept ou huit. Depuis la retraite des Huns jusqu'à Charlemagne s'établirent les Dynastes dont nous parlons et ils bâtirent leurs *Burgs*, comme des nids d'aigles sur des rochers imprenables où ils se rendirent indépendants. C'est pour cela que la plupart des généalogies ne remontent qu'aux Ve, VIe et VIIe siècles. Ces Ducs, *Duces*, ces Comtes, *Comites*, ont une origine antérieure dont les hauts faits et l'histoire se trouvaient d'un côté dans Sidoine et de l'autre dans les chants recueillis par ordre de Charlemagne au IXe siècle ; au Xe siècle on les reconnaît dans leurs voyages, dans leurs fêtes, dans leurs joûtes, dans leurs Tournois, à leurs armoiries et ***à leurs cimiers*** qui sont un héritage venu de la conquête et qui parle pour eux.

Le Héraut Gelre ne fait que les dérouler dans leur ordre comme pour nous les transmettre.

∴

Le volume destiné à la France par le Héraut Gelre, en contient d'autres aussi considérables et d'une commune origine. Nous allons les mettre sous vos yeux. Et remarquez qu'il n'est pas question ici du Nord de la France, de la Flandre, de Brabant, de Hainaut, de Hollande, de la Gueldre, de Juliers, puis de Berghe, de Clèves, d'Utrecht, de La Marck, de Munster qui sont des Provinces et des États formés par les Sicambres et par les Francs. — Les cimiers de tous ces Princes sont formidables et attestent une race forte qui a gardé un héritage grandiose : à voir leurs haches, leurs tenailles et autres instruments, ces « Barbares » dont je m'honore d'écrire le nom avec respect, avaient chez eux des maçons, des forgerons, des charpentiers, des tourreurs et des pelletiers, dont l'art n'est certes pas perdu, mais joliment rapetisse avec la Faune qui a disparu.

Les trophées de cette Faune appendus aux murs des grands burgs comme des témoignages d'antiquité devant lesquels les Hérauts rappelaient la généalogie historique des aïeux, cette Faune qu'ils ont portée aux tournois, ces cornes d'aurochs transmis de génération en génération depuis les Mérovingiens, est celle dont le Héraut Gelre nous a donné la représentation et qu'il *a vue*, de ses yeux *vue* car il n'a rien dit, ni rien fait qu'en sa qualité de Heraut, et je le redis, c'est à mon avis pour les maisons qui peuvent la revendiquer une preuve de l'antiquité de leur race.

Gaston Paris, dans son *Histoire Poétique de Charlemagne*, a parfaitement compris que la Marche en avant des Mérovingiens fut une épopée et que leur histoire devait résider dans des chants héroïques, mais il ne considère pas assez ces chants comme narratifs. Récités dans les camps, ces chants eurent une mélopée que la voix de stentor du Héraut, du Barde ou du Jongleur dominait. La fiction n'y était pour rien, ainsi qu'on peut s'en convaincre par les Chants du Héraut Ghelre qu'on pourrait appeler une prose rimée. Toute poésie est une prose rimée quand on la traduit. De ces Chants narratifs, plusieurs ont pu être improvisés à la fin des banquets, ou au lendemain des victoires ; d'autres répétés de mémoire prononcés dans un autre dialecte, absolument comme ceux que Gelre nous a conservés ont pu laisser des variantes dont le manuscrit de Gotha nous offre la preuve ; mais le fond est vrai comme une Chronique. Vous voyez dans notre 1er volume les Défis, la Bataille de Staveren, les Éloges de Raetz, de Nueft, de Spanheim, ce ne sont pas des Fictions, ce sont des Récits. Ceux des Temps Mérovingiens recueillis par Charlemagne n'étaient que des récits populaires, des histoires naïves mais vraies, courtes, sèches, nerveuses, lourdes aussi comme les armures.

M. Gaston Paris, qui n'a considéré la poésie de ce temps que dans la *Chanson de Roland*, les Romans Historiques et les Rhapsodies qui forment le Cycle ou la Légende de Charlemagne, n'a pas su dégager l'histoire de la legende. Il fait confusion, et ce genre de confusion mène à dire des niaiseries historiques. D'abord la langue des Sicambres et des Francs, les dialectes du Rhin, *le Thiois* n'est ni la langue d'oil ni la langue d'oc, c'est une langue mère qui a donné naissance au Flamand, au Hollandais et à l'Allemand, et c'est jouer sur les mots que l'appeler la langue Tudesque, ou la confondre avec la langue des Trouvères. M. Gaston Paris raisonne à faux quand il parle de généalogies : en quoi et pourquoi les Carolingiens ne seraient-ils pas un rameau puîné des Mérovingiens et dans un autre ordre d'idées, pourquoi Pepin le Bref, cet Hercule trapu, n'aurait-il pu lutter contre un lion ? La forte race de nos pères est peinte en tête de la Loi Salique : « Gens Francorum inclyta, auctore Dei condita, fortis in armis, firma in pacis fœdere, profonda in consilio, corpore nobilis, incolumna candore, forma egregia, audax, velox et aspera... » Et quand je vois encore leur parure de guerre ou de fête au XIVe siècle, — je ne doute de rien : nous sommes les fils d'une race de géants.

V. B.

PLANCHE XXXI

1. — DIE CONNINC VAN VRANCRIKE. — LE ROY DE FRANCE.

Porte : *D'azur à trois fleurs de lys d'or.* — Le heaume d'argent, de profil, la couronne d'or, le chaperon ou volet d'azur semé de fleurs de lys d'or, rebrassé d'hermines, et pour cimier une grosse fleur de lys d'or fichée dans le bonnet en pyramide, armoyé comme le volet.

Le Roy de France est le Prince, le premier, des Roys de la terre : « Rex Francorum imó princeps regum terræ » écrivait un Prince de Galles à Philippe le Bel à la fin du XIIIe siècle.

Le Tymbre du Roy est une fleur de lys sur son heaume, et cette fleur de lys du cimier n'a pas quatre angles, comme celle des Ducs d'Anjou et de Bourgogne qui viennent cy-après ; le Duc de Berry seul porte en cimier la simple fleur de lys comme le Roy. — Les *trois fleurs de lys* de l'écu montrent que c'est le Roy Jean qui a réduit ce nombre à trois, pour l'écu Royal ; les autres princes gardent le *semé de fleur de lys* antérieur. Cependant dans l'*Inventaire du mobilier de Charles V en* 1379, publié en 1877 par ordre du Gouvernement, un archiviste sorti de l'Ecole des Chartes, M. Jules Labarte, regarde comme « bien évident que Charles V, à la fin de son règne avait adopté l'écu à trois fleurs de lys, et que c'est à lui et non à son fils qu'il faut attribuer ce changement dans les armoiries des Rois de France. » C'est une erreur répétée vingt fois par l'Ecole des Chartes. Ce n'est ni Charles V, ni Charles VI qui a réduit à trois, les fleurs de lys de l'Ecu royal, c'est le Roy Jean pour lui et le Duc de Touraine ; car la présente planche date de 1360 et c'est bien le Roy Jean qui figure ici.

De toutes les origines de ce Blason de France, la plus naturelle est celle que rapportent Fauchet et le Père Anselme : c'est que « les Francs ou Sicambres, sortis des marais de la Frise, vers le Pays de Hollande, prirent pour symbole ou pour armes la fleur de Pavilée qui est un petit *lys jaune* qui croît dans les marais de ce pays, en champ *d'azur* semblable à *l'eau*, laquelle étant reposée prend la couleur du ciel. »

Les Armoiries sont moins anciennes sur les monnoies que sur les sceaux. Les premières monnoïes de France où elles aient paru furent les deniers d'or de Philippe de Valois, où le Roy était représenté assis sur une chaise tenant un écu semé de fleurs de lys et son épée de la droite. Les écus ou deniers d'or furent forgez pour la première fois le 1er février 1336. — En 1352 le contre-sceau du Roy Jean portait des fleurs de lys sans nombre.

Le Cry d'Armes du Roy de France est *Montjoie Notre-Dame St-Denys ! Saint-Denys à la rescousse !* et encore : *Notre-Dame Monjoie ! au chrétien Roy !* — « L'ancien Cry de guerre des Roys de France, *Montjoie et Saint Denys*, est un Cry de ralliement, dit Père Ménétrier. On a fait quantité de fables à l'occasion de ce Cry. Les uns veulent que ce soit une invocation de Clovis, d'autres un Cry de joie : non. *Montjoie* en vieux langage estoit un monceau de pierres pour montrer les chemins. La Bannière de Saint-Denys marquoit la marche de l'armée ; quand elle marchoit, l'armée marchoit ; quand elle s'arrêtoit, l'armée s'arrêtoit : au ralliement on se rendoit autour de cette bannière. Les Ducs de Bourgogne ont fait la même chose de l'image de Saint André, et ils crioient : *Montjoie Saint-Andrieu*, et quand le Duc y estoit en personne, ils crioient *Montjoie au Noble Duc*, pour se rendre auprès de la personne du Duc Les Ducs de Bourbon cryoient *Montjoie-Notre-Dame*, à cause de l'image de Notre-Dame qu'ils portoient dans leurs drapeaux. Berry, le héraut, dit : « Cryent tous *Montjoie* ceux qui sont *de la Fleur de Lys* ». On ne laissa pas de continuer le Cri de Guerre lorsqu'on ne portoit pas la Bannière de ce Saint ». *Ménétrier*.

Toujours en avant, toujours à l'avant-garde, Montjoie ! c'est-à-dire, là-bas ! La bannière vous montre le chemin, suivez-la.

Qu'elle était cette bannière fleurdelisée ? Question de couleur bien souvent controversée par des ergoteurs et des ignorants : Quelle était la couleur des Roys de France ? On trouve partout dans les vieux auteurs, les vieux blasonneurs, les vieux hérauts, nos vrais historiens puisqu'ils notaient tout ce qu'ils voyaient, que le manteau royal semé de fleur de lys d'or, ainsi que le drapeau du Roy et la cotte d'armes du héraut Montjoie semés de fleur de lys d'or, étoient de *veloux violet* : c'était une belle couleur d'un *bleu-pourpré*, d'un bleu foncé *aux reflets violacés* : « Elle estoit de simple cendal de couleur de flamme d'or, qui a la splendeur rouge ». — Cette bannière bleu-pourpre était la Bannière de la Nation. Quand elle marchait, la Nation marchait. A l'ombre de ses plis la Nationalité Française a été triomphante, s'est développée, a dominé le monde « de la Frise aux Pyrénées, du Rhin à l'Océan » : Cela a duré quatorze cents ans.

Cette Bannière, cet Ecu fleurdelysé, ces Armoiries, que le héraut Gelre a peintes ici, représentent le Roy Jean II, surnommé *le Bon*, une des figures les plus chevaleresques et les plus sympathiques de l'histoire : « Joannes, Dei gratia, Francorum Rex », le Roy des Francs, la Nation armée, le Chef de « l'Empire François ». Il naquit au château du Gué de Mauny, *mal-nr*, *mauvais nid*, le jeudi 26 avril 1319. — Le Roi Philippe de Valois, son père, le fit Chevalier le jour de Saint-Michel 1332. Il fut couronné « à Reims » en 1350, le jour de la Saint-Michel. Quand il prit les rênes de l'Etat, la Patrie était en danger. Son père avait été vaincu à Crécy. Edouard III, possesseur de la Guyenne, du chef de sa mère, prétendait être « Roy de France et d'Angleterre », et nous étouffait par le nord et par le midi : son fils, le Prince de Galles, dit le *Prince Noir*, avançait par le Poitou et l'Anjou jusqu'aux portes de Paris. Voulant le refouler, le roy Jean fut vaincu à Poitiers. Toutes les Chroniques sont remplies de la vaillance du roy Jean debout dans la mêlée quand le désarroi s'était emparé de tous. Froissart nous a laissé un récit émouvant de cette journée ; nous n'en dirons que quelques mots.

Jean était « grand et fort et hardi Chevalier. » Il combattit pied à pied, d'une hache qu'il tenait sans reculer, blessé, plein de sang, ayant un de ses fils à ses côtés, et les Chevaliers hachés autour de lui. La fleur de la Noblesse succomba sous les coups du Prince de Galles, dit le *Prince Noir*, et du captal de Buch. « Le bon Roy demoura en champ et fut de coup d'épée navré au viaire. La bataille lui fut si contraire que par force fut prins le dit Roy Jehan de France, Mgr Philippes de France, son fils, le Conte d'Eu, le Conte de Longueville, le Conte de Tancarville, le Conte de Ponthieu, le Conte de Rony, le Conte d'Aucerre, le Conte de Sancerre, le Conte Dampmartin, le Conte de Vantadour, le Conte de Sallebrusse, le Conte de Vendosme, le Sire de Craon, le Mareschal d'Andrehen, le Sire de Derval, le Sire d'Aubegny et plusieurs autres, et merveilleuse quantité tant ducs, contes, barons, chevaliers, escuiers et bons servans furent mors en laditte bataille, dont ce fut grant douleur, grant pitié et domaige irréparable. » *Chr. des V.* — Prisonnier, le Roy Jean fut enfermé à la Tour de Londres, portant le poids de nos désastres, ceux de son père et les siens.

Au fond il était débonnaire, ce qui le fit surnommer *le Bon*, sans dissimulation, franc et loyal « sur tous les princes de son temps. »

Son fils aîné Charles, Dauphin et Duc de Normandie, fut Régent au milieu des factions. Doux et surnommé *le Sage*, « aimé des bourgeois et du peuple », il n'a trouvé de détracteurs que de nos jours, c'est-à-dire cinq siècles après lui. C'est aux pieds du Dauphin Charles que le banquier Etienne Marcel, Prévôt des Marchands, usurier, Juif ou Lombard, fit assassiner deux des Maréchaux qui avaient défendu la patrie, — et il s'est trouvé parmi nous des écrivains et des peintres assez insensés pour glorifier ce crime.

Ecoutez les leçons de l'histoire et ouvrez les yeux. Sans le courage du Roy Jean et la fermeté du Dauphin Charles, la France était rayée du rang des nations : ce n'eût plus été qu'un groupe de provinces sous la domination de l'Anglais. Jean résista sans cesse à l'adversité ; il paya de sa personne, il lutta corps à corps ; il se redressa contre ceux qui abandonnaient la cause de la France et léchaient la botte de l'Anglais. Voyant que « chacun tirait à soi », que la révolte et la trahison étaient partout, il fut quelquefois féroce et dut l'être Chacun voulait être maître, et nous avions trois Rois prêts à prendre sa place : — Edward III avec des Barons de Bretagne et de Normandie, sans compter les Flamans vendus aux Anglais pour « quelques sacs de laine » par cet autre usurier, cet espèce de Juif qu'on appelle Artevelde ; — Le Roy de Navarre, à qui Etienne Marcel envoie le fruit de ses extorsions : car Marcel tond le peuple et demande *un Roy à soi* pour sauver sa situation ; — enfin le troisième, il faut bien le dire pour comprendre les évènements, c'est le Dauphin lui-même qui, sentant le besoin de prendre de l'initiative, non comme Régent, mais comme Maître, Chef et Roy [son père le gênait], rêva, dit-on, de faire abdiquer son père et de se proclamer Roy. C'eut été un coup d'audace que les évènements semblaient nécessiter ; mais le Dauphin Charles, [on n'aime pas les prudents et les sages], fut prudent. Si ce point n'a jamais été bien éclairci, cependant, quoiqu'il n'y eut pas tentative, il y eut néanmoins un commencement de conspiration. Le document qui a révélé les ***intentions*** du Dauphin est la « Rémission ou Abolition au fils du Roy Jean et au Roy de Navarre, son gendre, et ***autres grands Seigneurs*** comme criminels de Lèze Majesté en janvier 1355. » Le voyage prémédité du Dauphin Charles vers l'Empereur d'Allemagne Charles IV, son oncle, avait pour but de s'entendre avec lui. C'est du moins ce que découvrit le Roy Jean [il avait des espies dévoués] et ce que ne nia pas le Dauphin. Nous possédons une copie de ces Lettres de Rémission que M. Kervin a publiées sans donner le nom ***des autres grands Seigneurs***. Voici ces Lettres qui ont été mal rapportées :

« Jean par la grâce de Dieu Roy de France, sçavoir faisons à tous présents et à venir que comme naguères *nous eust esté rapporté* que nostre très cher fils aisné, Charles, Duc de Normandie, se vouloit partyr de nostre Royaume, sans nostre sceu et licence, et aller devers nostre très cher Frère l'Empereur, et que nostre très cher Fils le Roy de Navarre, le Comte de Foix, le Comte de Namur, le Comte de Montfort, le Comte de Harrecourt, Godefroy de Boulongne, le Sire de Landas, Gaucher de Loy (Roye), le Sire d'Aubigni Robert de Lorriz, le Sire de Guercheville, le Sire de Clère, Friquet de Fricamps, Girart de Bourbon, Guillaume de Bourbon, Pierre de Saqueinville, maistre Thomas de Ladie, Chancelier de Navarre, le Sire Daniel de Maubué, de Mainemares, et plusieurs autres, tant des gents de nostre dit fils, comme autres devoient aller avec luy. ***Nous qui avons sceu*** plainement toute l'intention de nostre dit fils le Duc, et à quelle fin et pourquoy il vouloit aller devers nostre dict frère et tous ceux qui devoyent aller avec luy, *et tout ce qu'ils lui avoyent dict et conseillé*, Avons tenu et tenons nostre dict fils et chascun d'eux pour excuser pleinement de *tout ce que l'en nous avoit rapporté* contre eux ou aucun d'eux, et de toutes choses en quoy l'en pourroit dire qu'ils auroyent mespris ou mesfaict envers nous ès choses dessus dites *ou autres, soit d'avoir conseillé* ou voulu conforter et *compaigner* nostre dict fils le Duc ou dit voyage, *ou à autres choses entreprendre*, ou en autre manière, ou pour autre cause dont l'en peut blasmer, ou accuser eux, ou aucun d'eux, en quoy l'en peust dire que il, ou aucun d'eux, eussent ou ayent *commis ou perpétré crime de Leze-Majesté*, un ou plusieurs, envers nous ou la Couronne de France, en quelque manière, ou pour quelconque cause que ce soit de tout le temps passé jusques aujourd'huy, et en quittons et absolvons eux et chascun d'eux plainement, de grâce spéciale, de certaine science et de nostre plaine puissance, et authorité Royalle...... [c'est un pardon absolu, une amnistie] avons promis et promettons loyallement en bonne foy à nostre dit fils le Duc, que jamais nous n'en saurons malgré, ne porterons rancune à nostre dit fils le Roy de Navarre, ni aux autres qui devoyent aller avec luy devers nostre dict frère, pour quelconque cause que ce soit, et affin que nostre dict fils le Roy de Navarre et tous les dessus-nommez et autres qui avec nostre dit fils le Duc devoient aller, lesquels il nommera, et auront sur ce lettres de Luy, puissent vivre et demeurer paisiblement en bonne seurté eux et leurs hoirs, nous voulons et par ces Lettres mandons à nostre dict fils le Duc, et de ce faire luy donnons plain pouvoir, licence et authorité, que en nom de Nous et de Luy il promette et se fasse fort pour nous, par ses lettres, que à eux ou à aucuns d'eulx, ne a leurs hoirs, nul mal, vilenie, punition, vengeance ne seront faits par nous, ne soufferrons estre faicts par autres... »

Et confirmant le traité de Valognes, le roy Jean ajoute : « Et avec ce. Voulons et octroyons à nostre dict fils le Roy de Navarre, que les seuretez, graces, quittances, pardons et rémissions que nous luy avons octroyées par le traicté qui fut faict entre nos gens et luy à Valoignes... soient faites du jour et de la date de ces présentes et que ce soit ferme chose, et stable à tousjours et perpétuelle pour le temps advenir, nous avons faict mettre nostre seel à ces présentes. Donné au Louvre-lez-Paris, le XXIIIe iour de janvier l'an de grâce mil trois cens cinquante-cinq. Par le Roy en son Conseil. Signé BOYER. »

Et pour bien comprendre l'état de la France dans ces heures troublées comme celles où nous sommes maintenant, qu'on veuille bien se reporter à notre Tome III, pages 170 et suivantes, et relire ce que nous disons de la mort du Petit Roy Jean Ier, sous le nom de Jean Devereux. Il ne faut pas oublier non plus la version de Zantfliet et de Gilles Le Bel d'après laquelle le Roy Jean mourut des blessures que lui fit un Anglais.

Pourquoi reprocher à ce monarque d'avoir été ferme et dur ? Il avait été l'un des Pairs juges du Comte d'Arthois qui appela l'Anglais en Ponthieu ; il avait été défié par le Comte de Haynaut, l'allié des Anglais ; il avait battu et fait prisonnier le Comte de Montfort qui avait introduit les Anglais en Bretagne. Les Anglos-Navarrais rançonnaient les trois quarts de la France. Le Roy de Navarre, Charles *dit le Mauvais* et qui était un scélérat, recevait à St-Denys, aux portes de Paris, les trésors d'Etienne

Marcel. La Jacquerie, une vraie Commune, mêlait ses horreurs aux invasions de l'étranger : doit-on s'étonner alors que ce Roy, averti, preuves en main, par un mari dont Edouard III avait violé la femme, soit tombé comme la foudre à Rouen, ait fait cerner l'hôtel où les conspirateurs étaient à table, en train de capter le Dauphin, et se soit contenté de faire *enlever*, d'empoigner lui-même pour ainsi dire, le chef des traîtres, le comte d'Harcourt, et de l'avoir envoyé au gibet ? Il n'eut qu'un tort, c'est d'avoir épargné le Roy de Navarre Il en aurait délivré son fils.

Le Roy de Navarre avait fait asssassiner le Connétable Charles d'Espagne, et poussé Etienne Marcel à se débarrasser des Maréchaux de Champagne et de Normandie qui gênaient ses mouvements et ses trahisons. Il voulait s'emparer de Paris et s'y faire Roy pendant la prison du Roy Jean. L'histoire est là dans sa naïve familiarité. Ecoutez donc Froissart :

« Le Prevos des marchans et ceux de sa secte, visitoient souvent le Roy de Navarre qui se tenoit a Saint-Denis, et lui remontoient tellement et doucement le péril où ils gisoient, dont il étoit cause, car ils l'avoient de prison délivré et à Paris amené et l'eussent volontiers fait leur Roy et leur gouverneur se il peuissent et avoient consenti la mort des dessus dits qui furent occis au Palais et à Paris... Le Roy de Navarre dit : « Certes seigneurs et amis, quand vous avez de présent le Gouvernement de Paris du tout en tout, je conseille que vous pourvuyez d'or et d'argent monnayé et autrement de vaisselle et de joyaux par telle manière que si le besoin vous venoit, vous le puissiez à toute heure retrouver, et l'envoyer ici hardiment à St Denis sur la fiance de moy : Je vous le garderay et entretiendray toujours et feray pourvéance secrettement de bonnes gens d'armes et compagnons dont au besoing vous pourrez faire bonne guerre à vos ennemis. » Ainsy fist depuis le Prevos des Marchans, car *toutes les semaines deux fois* faisait mener deux sommiers, [bêtes de somme] *chargés de florins* à St-Denys devers le Roy de Navarre, qui les recevoit moult liement ». — *Froissart.*

Quelle liesse, en effet ! Ajoutez à ce tableau que Marcel possédait la terre de Ferrières près de St-Denis appartenant aujourd'hui aux Rothschild.

La conduite d'Etienne Marcel est-elle assez claire ? Encore un peu plus de lumière, s'il vous plaît. Il faut que la trahison aille jusqu'au bout : racontons la.

Les Soudoyers anglais que le Roy de Navarre promet à Etienne Marcel pour l'égorgement des Parisiens, ne sont un mystère pour personne :

— « Or avint, ajoute Froissart, que il estoit demoré en Paris grand fuison de soudoyers anglais et navarrois que le Prévos des Marchans et li Commu nauté de Paris avoient retenus à gages. Il s'emeut *un débas* entre eux et ceux de Paris : on en tua et on en prist » : Quant ce vint à la nuit, le Prévos des Marchans qui volt complaire à ces Englès et Navarrois, leur eslargi leur prison et les fist délivrer et aler leur voie.. Si s'en vinrent devers le Roy de Navarre à Saint Denis, qui les retint tous ». On voit que l'émeute grondait

Les Anglo-Navarrois continuant à *haryer*, écharper les Parisiens, ceux ci requirent Etienne Marcel de les armer pour guerryer : Marcel leur accorda. leur dit qu'il iroit avec eux et leur tendit un guet à-pens à Montretout. Oui, à *Montretout*, lisez bien : « Quand ils furent aux champs, ajoute encore Froissart, ils entendirent que ces Englès se tenoient devers Saint Cloud.., Si se avisèrent qu'ils partiroient en deux parties et prendroient deux chemins afin qu'ils ne puissent *escaper*, eschapper. Si se tournèrent tout le jour environ Montmartre et rien ne trouvèrent... Li Prévos rentra à Paris par la Porte Saint-Martin, (avec une des deux parties) ; l'autre ne sachant rien du tout du retour du Prévos, se mit de retour sur le vespre tout lassé, et avoient pris le chemin pour rentrer dans Paris par la porte Saint-Honnouré : Si trouvèrent de rencontre ces Englès au fond d'un chemin. qui estoient bien 400. » Ces Englès tombent à bras raccourcis sur les Parisiens qui « se laissoient occire et decoper ensi que bestes et rafuioient qui mieulx mieulx et en y eut morts plus de 700., et disoient que *il* (Marcel) les avoit trahis ».

C'est bien l'histoire d'hier. Voyons celle de demain ; c'est toujours Froissart qui raconte :

« Certains tretiés et accord secretement faits et pourparlés, li Prévos des Marchans et cil de sa secte devoient une nuict ouvrir les portes de Paris et laisser entrer dedans ces gens d'armes Englès et autres, et devoient courir toute la cité occire hommes et femmes sans pitié, excepté ceux et celles ès-maisons ou ung signe de croix devoit estre fait. Ceste mesme nuict que cela devoit arriver, Dieu inspira et éveilla quelques bourgeois de Paris qui estoient de l'accord dou Ducq, desquels Jehan Maillard et Symons son frère, messire Pépin des Essars et Jehan de Charny estoient chefs. Ils s'armèrent et firent armer tous ceux de leur costé .. ; prit, ledit messire Pépin, *la grant banière de France*, en criant : *au Roy et au Duc !* et les suivoit le peuple, et vindrent à la porte Saint-Anthoine, un petit devant mienuit, et trouvèrent ledit Prévos des Marchans *qui tenait les clefs de la porte en ses mains.* Et illec fut le dit Prévos argué : Estienne, que faites-vous ci à ceste heure? Li Prévos respondi : Jehan, à vous qu'en monte dou savoir? Je suis ici pour prendre garde à la porte et à ceux de la ville dont j'ai le gouvernement.— Par Dieu, répondit Jehan Maillars, n'estes ci à ceste heure pour nul bien et je vous le montre, dist il à ceux qui estoient dalès lui, comment il tient les clefs des portes en ses mains pour trahir la ville. Li Prévos des Marchans s'avança et dist : Vous mentès ? — Par Dieu, respondi Jehan Maillard, c'est vous, Estienne qui mentès ! Et tantost feri à lui et dist : « A mort ! à mort ! tout homme de son costé, car ils sont tous traîtres ! » Et Jehan Maillars le feri d'une hache en la teste et l'abattit à terre, et ne se parti de luy jusques à tant qu'il fu occis et six de ceux qui là estoient.... »

Estienne Marcel, Philippe Guiffard et Simon Paulinier « furent trainés *par le peuple* devant le temple de Sainte-Catherine du Val des Escoliers où le Prevost avoit fait traîner les corps des deux Mareschaux de France par luy indignement massacrés. » — *Le Breton*, h. d'armes.

Et c'est le nom de ce scélérat qu'on a donné à une grande artère de Paris ! Et c'est à ce monstre qu'on élève une statue, une statue équestre ! La folie révolutionnaire n'a vraiment pas la conscience de son aberration et de son abaissement.

Ce n'est guère que depuis un demi-siècle qu'on a tenté de réhabiliter cet infâme Prévot, en le présentant comme le précurseur de la République et le fondateur du régime parlementaire ; et la secte criminelle qui depuis cent ans est sortie des bas-fonds de la Société comme la lie monte à la surface, a pris Etienne Marcel pour modèle et en a fait un héros ! un prince de la Maison de France, un cadet de la branche cadette, le duc d'Aumale a même osé écrire qu'alors « la Bourgeoisie des villes, entraînée par un *hardi novateur* Etienne Marcel, prenait la place de la Royauté et de la Noblesse vaincue » ! En vérité, la tradition du mal dans le monde a d'effroyables effets. Le retour des mêmes crimes, a cinq siècles de distance nous fait assister à un étrange spectacle : La France s'affaisse et sa ruine est proche. La Franc-Maçonnerie, la secte, qui depuis 1789 préside à tous les forfaits, comme Comité de Salut Public ou de Police Municipale, nous trouve impassibles, hébétés et muets. Une poignée de bandits, escaladant le pouvoir dans un jour de revers, est en train de faire main-basse sur la fortune publique, comme au temps du Prince Noir et des Grandes Compagnies ; et pour que la similitude soit complète, la vie nationale est anéantie et la Patrie livrée, pieds et poings liés, aux Juifs et à l'Etranger.

Mais, ne l'oublions pas, des Malheurs du Roy Jean est sorti Du Guesclin, et des Larmes de Charles VI est née la Pucelle. La France attend. — La race des Marcel n'a pas de durée.

O toi qui portes le nom de la France adorée, — Maison de France, — je te salue. Tu es le passé et tu es l'espérance. Tu résumes la patrie grande et forte. Tu représentes la race, la terre, le sol, la couche des générations accumulées, l'ensemble des familles françaises, inébranlables et unies, alliées et écartelées de siècle en siècle, jusqu'à la fin de la patrie, finis Galliae. O Maison de France, type unique dans l'histoire du monde, tu as laissé élever contre toi un mur de sable et de boue. Tu as contre toi ton honnêteté, ta grandeur, ta pureté, ta vertu. On t'accuse, on te combat, on t'insulte, on te calomnie ; on t'oppose même ta vertu, ta grandeur, ton honnêteté, ta valeur, ton courage, ton dévouement ; et ton prestige est tel cependant que tes ennemis, en te reprochant ta pureté, ont pour toi une secrète admiration : ils sentent, ils comprennent que demain, si ce mur de sable et de sang qu'on t'oppose, tombait, — dans ta vertu, dans ton amour, dans ta grandeur, tu embrasserais tes ennemis mêmes dont l'arme tombe déjà des mains à demi.

Pauvre Maison de France, si loyale et si pure, qui fait fondre les cœurs à force de loyauté, tu ne réussis pas à te relever parce que tu n'a pas de ces martyrs vulgaires qui font impression sur le peuple et l'entraînent. Tu n'as que de froids raisonneurs ; tu es aveuglée et trompée par tes intendants, tes banquiers, tes manieurs d'argent, ces opportunistes : pas un n'a autour de toi assez d'audace pour imprimer un élan qu'attendent les cœurs généreux : les hommes de bien ne suffisent pas au milieu des générations corrompues. (*Ecrit en* 1882)

Le Roy Jean mourut prisonnier en Angleterre, un jour d'avril 1363 ; son corps fut ramené en France et enterré à St-Denis.

2. DELFFIN. — DAUPHIN.

Porte : *D'or au dauphin d'azur, langué, oreillé, miraillé de gueules.* — Le heaume d'argent de profil, le volet découpé de... [inachevé].

Les fils aînés de France portent le nom de ***Dauphin***. Ici, c'est Charles, fils aîné du Roy Jean, et ce fut lui le premier qui porta ce nom de Dauphin de France. Il monta sur le trône en 1364 sous le nom de Charles V. — Cette planche a donc été peinte avant 1364.

Charles, comme Dauphin, n'a pas ici de cimier, parce qu'il est Régent Le cimier des Dauphins, qu'on trouve dans les vieux manuscrits était un dauphin de l'écu engoulant le heaume. — Quand Humbert, Dauphin de Viennois, ne pouvant résister au Comte de Savoie, « du consentement du peuple de son pays, céda sa terre de Vienne au Roy Jean » ; le Roy Jean dut prendre d'abord le titre de Dauphin pour le transmettre à son fils Charles, et cela explique pourquoi Froissard donna à Jean « le titre de Dauphin de Vienne ». C'était une prise de possession. — « Cette acquisition ainsi faite par le Roy, fut le Daulphiné donné en tiltre, à Charles aisné filz du Roy Jean, car la dite vente avoit esté faite, à condition que les filz aînés des Roys de France, se intituleroyent Daulphins de Viennois, prenans le nom et les armes du Daulphiné, escartelées avec l'escu de France » Ici Charles est simplement encore Dauphin sans écartelure. Humbert après avoir renoncé à ses Etats prit l'habit de S. Dominique et mourut en 1355. « Eaque emptione peracta, statim se in claustrum religiosum inter monachos Dominicanos, cæteris arrogantiores, inclusit » ***Fabricius.***

Charles, aisné fils du roy de France, Régent du royaume, Duc de Normandie, et Dalphin de Viennois, etc. Donné à Meaux le 6e jour d'avril l'an de grâce 1359. — Charles aisné fils... savoir faisons à tous présens et avenir. — Charles aisné fils, etc. ; donné à Paris 20e jour de juillet l'an de grâce 1360, sous le sceel de Chastelet de Paris en l'absence du nostre. ***Archives de St-Denis.***

Il fut sage et délié. Il était bon et doux, mais il était ferme. Il avait combattu à Poitiers, où son père lui fit quitter le champ de bataille : « Ains que le Roy fut prins, quant il aperçut que la bataille estoit doubteuse, il manda à son ainsné filz Charles duc de Normandie que sur quanque il amoit et doubtoit, il se retraist à Poitiers, combien que moult envys le fust ; mais il convinst qu'il obeist à son père comme raison estoit. » Il avait vu les Barons prêts à se rendre indépendants c'est-à-dire à démembrer la Patrie ; il avait été couvert par Marcel du sang des Maréchaux ; il se sentait enlacé par Charles de Navarre, le mauvais génie de la France.

Le Roy de Navarre, Marcel et « ceux de la secte » étaient détestés des Parisiens qu'ils avaient fait assommer à Montretout et à la barrière Saint Honoré ; ils représentaient le crime, le vol, la spoliation et puis c'était l'étranger. Les nobles, les grands, c'était le désordre, la forfaiture. Charles, lui, le Dauphin, le Régent aux mains vides, c'était la patrie au fond de tous les cœurs, la stabilité, l'honnêteté, l'espoir, la délivrance, l'ancre de salut, le royaume, l'Etat. On se tournait vers lui. Il résistait à tous les maux et faisait face à tous. Il était sympathique et on l'aimait.

Après la mort de Marcel, « l'endemain au matin, la chité de Paris fu moult esmeue, che fu bien raison. Là recorda Jehans Maillars, voiant tout le peuple, en quel estat il avoit, la nuit passée, trouvé le prouvost dessus dit et se routte, et pourquoy il l'avoit ochis et emprisonnet les autres, et quel cose chil qui estoient en Chastellet, avoient confesset, comment celle propre nuit li Englès et li Navarrois devoient entrer en Paris sur le confort dou dit prouvost et tout mettre en l'espée sans remède et sans merchy, hommes et femmes, excepté chiaux qui estoient de la secte ledit prouvost. Ces parolles oyes, tout li peuple fu moult émervilliés, et loèrent Dieu de la grâce qu'il leur avoit fait. Là fu adviset et conseilliet de commun acord l'on manderoit le dit duc, leur seigneur, qui estoit au Pont à Charenton. Si envoyèrent chil de Paris VI bourgois des plus souffisans et des mieux advisés, li quel montèrent tantost à cheval et s'en vindrent deviers le ducq au Pont à Charenton. Si le trouvèrent, le Duc d'Orlyens son oncle dallés lui, le seigneur de Saint-Venant, Mgr de Rainneval, Mgr Raoul de Couchy, Mgr Ernoul d'Audrehem, et pluisseurs autres chevaliers. Le lui recordèrent tout l'assaut, si comme vous avez devant oy, et li pryèrent en hummileté qu'il volsist venir à Paris et que li bourgois avoient grant désir de lui veoir et avoir dallés yaux, et lui obéir dore tout à lui enssi c'a leur seigneur. De ces paroles fu li dus tout joiaus et encorres plus des nouvelles Si ce parti dou Pont à Charenton à tout son arroy et s'en vint à Paris où il fu moult grandement honnourés et festyés, et touttes les rues jonchées et parées à l'encontre de se venue. » *Froissart.*

Ce n'est pas Marcel qui s'appuya sur les notables, c'est, dit la Chronique de Valois : « Charles ainsné filz du Roy Jehan de France, duc de Normandie et Daulphin de Vienne, après la fortunée prinse du Roy de France, son père, vint à Paris. Et là manda tous les prelas, les nobles, ce qu'il en poult finer, *et des notables bourgois des bonnes villes de France*, pour remédier en l'affaire de la prinse du roy son père. » Marcel, lui, ne pensait qu'à encaisser l'or et le faire conduire à St-Denys chez son complice le Roy de Navarre. Charles fut forcé de continuer le traité de Brétigny : mais il s'appuya sur Du Guesclin dont il fit la grandeur, qu'il créa connétable et duc de Longueville, avec qui il reprit l'offensive et commença la délivrance du territoire.

Le témoignage de Froissart, son contemporain, dit que : « Li rois Charles de Franche, qui pour che tamps resgnoit, sicom vous poés savoir par ses œvres, fu durement sages et soutils, et bien moultra tant comme il vesquis ; car tous quois estans en ses cambres et en ses deduis, il reconqueroit ce que si predecesseur avoient perdu sus les camps, la teste armée et l'espée en le main : dont il eu fait grandement a recommender. »

Nous avons vu dans le manuscrit 14912 de la Bibliothèque de Bourgogne l'exposé des ravages continuels commis par les anglais au mépris du traité de Brétigny et nous comprenons combien le Dauphin devenu Roy voulut tenter une descente sérieuse en Angleterre, pour forcer l'Anglois à rester chez lui.

Rappellerons nous que ce Prince fut le protecteur des Lettres et que sa Bibliothèque de la Tour de Louvre fut le commencement de notre grande Bibliothèque Nationale de la rue Richelieu. Si son froid courage a trouvé des détracteurs, du moins sa constance et sa fermeté lui ont mérité cet éloge de Pétrarque : « Fortuna nullis aliis artibus vinci potest nisi summa stabilis animi virtute. » Il fut pleuré par Christine de Pisan. Répétons qu'il étoit aimé des Bourgeois et du peuple », comme le dit M. Kervyn ; qu'il fut l'âme de la Patrie et releva la gloire militaire de la France ; qu'il fut enseveli à St-Denis, auprès de Du Guesclin et que leurs tombes, leurs saintes dépouilles ont été violées, en 93, par des ennemis du nom français.

« En ce dit an mil trois cent quatre-vingt, le quinziesme jour du mois de septembre, trespassa de cest siècle Charles le roy de France, à Beaulté-sur-Marne, au bout du bois de Vincennes. Moult estoit sages et bien moral et bon justicier donneur et d'estat ; largès fut à donner grandement ; par son grant sens atrait à soy et surmounta grant partie de ses ennemis. Il conquit et assembla grant trésor. Moult ama ses officiers et moult les accroissoit. il avoit sa plaisance à faire nobles edifices. »

« Le corps du dit roy, comme il fut trespassé, fut ouvert, enbasmé et ordonné comme il est accoustumé de faire aux roys de France... Lors fut apporté le corps du dit roy à Nostre Dame de Paris où il fut ainsi receu comme il est accoustumé. Et l'endemain il fut porté à Saint-Denis où il fut sevelis et mis en terre, et son service très soleennelment fait. Et auprès de sa sépulture ou tumbe estoit et est la sépulture de son bon connestable, Monseigneur Bertran de Claequin en son temps duc de Moulines, comte de Burgues en Espaingne et comte de Longueville en Caux. » — *Chr. des V.*

Charles V est mort jeune : il avait été empoisonné 23 ans avant sa mort comme le dit Froissart, c'est à-dire vers 1356 ou 1357, lorsque le roi de Navarre conspirait avec Marcel pour s'emparer du trône. Les historiens attribuent à Charles le Mauvais plusieurs tentatives de ce genre : ils racontent aussi qu'en 1371 le roy de Navarre voulut faire empoisonner Charles V par un médecin cypriote. L'empoisonnement de 1356 n'est pas attribué par Zanfliet au roi de Navarre mais au duc d'Anjou dont l'ambition visoit au trône, et dont Charles V « doutoit merveilleusement. » Le moine de Malmesbury dit aussi : « a suis impotionatus » Toujours est-il qu'en 1377 « furent prins en France doy secrétaire du roy de Navarre un clers et un sescuiers. Et furent amené à Paris et là examinet, et congneurent si avant des secrès dou roi de Navarre, qu'il avoient volu empoisonner le roy de France en voellant le roiaume de France adamagier, que il les convint morir, et furent exécutés à mort à Paris. » *Froissart,* T. IX, p. 55. — L'un d'eux, Jacquet de Riu « avoua qu'un poison préparé par une juive devait être mêlé aux mets de la table du roi. » *Kervyn*, p. 502.

3. — AENYOUWEN. — [ANJOUEN] ANJOU.

Porte : *D'argent à la croix potencée d'or cantonnée de quatre croisettes de même*, qui est de Jérusalem, *party d'azur semé de fleurs de lys d'or à la bordure de gueules et un lambel de trois pentes de même*, qui est d'Anjou-France. — Le heaume d'argent taré de front, le mantelet ou camail semé de fleurs de lys, d'or, la couronne d'or, et pour cimier une fleur de lys à quatre angles, dite double fleur de lys et sur chaque angle de la fleur une houppe de gueules.

Depuis les ducs d'Anjou ont simplement porté *de France à une bordure de gueules*.

Le Duc d'Anjou, dit Ménétrier, crie : *Saint-Maurice !* — Les Princes du sang, dit le héraut Berry, portent en tymbre la fleur de lys double, houppée de chacun d'eulx de la couleur qu'ils portent en leur devise, et crient tous *Montjoie* ceux qui sont descendus de la Fleur de lys.

Monseigneur Loïs, qui depuis fut *duc* d'Ango, lors s'appelloit *conte* de Poitiers d'Ango et du Maine. — 1356, *Froissart*. — « Loys fils de Roy de France, frère de Mgr le roy (Charles V) et son Lieutenant en toute langue doc, duc d'Anjou et Touraine, et comte du Maenne (Maine) 1361-1371 ». Le heraut Gelre ne l'appelle pas *Duc*, mais dit simplement Anjou, parce que la Charte d'érection du Conté d'Anjou et du Maine en Duché-Pairie est seulement datée de Boulogne-sur-Mer en oct. 1360. — Plus tard, « Loys fils de Roy de France et régent du Royaume, Duc d'Anjou et Touraine et Conte du Maine, en 1381. » *Registres de la Chancellerie.*

Vous savez comment li dus d'Ango avoit une grande et haute imagination d'aller en son roiaulme de Napples, dont il s'escriptoit rois de Puille et de Calabre et de Sésille ; car pappes Clemens l'en avoit ravesty et ahireté par la vertu des lettres que la roine de Naples et de Sésille ly en avoit donné. — Le duc d'Ango qui s'escripsoit rois de Sésille et de Jhérusalem et jà en avoit escargiet [escartelé] les armes. *Froissart.*

Etant encore « Conte d'Anjou » il fut le premier des otages pour la mise en liberté provisoire du roy Jehan : « furent livré les hostages au roy d'Angleterre pour le dit roy Jehan de France, c'est assavoir les deux fils du roy monseigneur Louis, conte d'Angou, monseigneur Jehan, conte de Poetiers, le duc d'Orliens, frère du dit roy Jehan, le duc de Bourbon, le conte d'Alançon, le conte de Bloiz, le conte de Saint Pol, le conte de Harecourt, le conte de Porcien, le conte de Valentinois, le conte de Brene, le conte de Vaudeb [Vaudemont], le conte de Feres, le conte de Beaumont, le sire de Coussi, le sire de Fieules, le sire de Preaux, le sire de Saint Venant, le sire de Guencieres, le dalphin d'Auvergne, le sire de Hangest, le sire de Montmorency, monseigneur Guillaume de Craon, monseigneur Louis de Harecourt, monseigneur Jehan de Ligny.» — *Ch. des Valois.*

Il détestait le Roy de Navarre et les Anglais, et ayant demandé permission au Roy Edouard de venir en France il essuya un refus et partit secrètement, ce dont le roy d'Angleterre fut moult yrés, et força le roi Jean à retourner à Londres où il mourut.

« Cy raconte l'istoire après à parler de monseigneur le duc d'Anjou, filz du roy Jehan, que, comme il eust esté en hostage en Angleterre par l'espace de demi an et plus, il requist licence par devers le roy d'Angleterre de venir ung jour en France. Le roy Edouart d'Angleterre ne lui en voult donné congié. Dont le duc d'Angou oult moult grant despit que lui, qui estoit filz du plus noble roy chrestien, estoit tenu en telle subgection, pour laquelle chose le dit duc d'Angou fist tant et moult secretement qu'il eust une nef, et ce parti celéement d'Angleterre, et s'en vint en France en sa terre. Et de sa venue tant fist segretement que monseigneur le duc de Berry, son frère, ne monseigneur le duc d'Orléans, son oncle, n'en sceurent riens. Edouart, le roy d'Angleterre, fut moult yrés de ce que le duc d'Angou s'estoit parti d'Angleterre, et fist au barons de France si estrechier leur prison qu'ils n'avoient fors la cité de Londres. » C. d. V.

Néanmoins, le roi Jean, « Se li fu demandé qui garderoit Franche jusqu'à son retour, et il ordonna Carlon son aisnet fil régent et souverain deseure tous ; en apriès Mgr Loeys duc d'Ango et du Mainne son autre fil. »

Le duc d'Anjou était un esprit avantureux. Il rêvait des conquêtes. Froissart ayant médit de lui, le duc fit saisir un manuscrit des Chroniques destiné au roi Edward III. Il était avide, ami du faste et du luxe, quand le roy de France son frère, était pauvre. On lui reproche d'avoir protégé les Juifs menacés par l'émeute et d'avoir pressuré d'impôt plusieurs provinces. L'inventaire de son trésor est à la Bibliothèque nationale de Paris.

Christine de Pisan a fait de lui le plus favorable portrait : — « En commençant au plus aagé après le roy Charles, lequel fu appellé Loys, duc d'Anjou et de Touraine, qui après fu couronné du royaulme de Naples ; lequel Loys je trouve ès croniques et l'informacion de gens dignes de foy, à son vivant serviteur de luy, ce fu prince louable et de digne réputation, moriginé et appris en toutes choses qui à hault prince peuvent appartenir estre convenables ; moult sages homs estoit et avisiés en tous pais, prompt en parolle belle et bien ordonnée, hault et pontifical en maintien, très bel de corps et de viaire, passant les autres communs hommes de grandeur ; de très grant courage estoit et moult désiroit haultes signories ; hardy et traveillant ; amoit les chevalereux et sages clercs, amassoit et tiroit environ soy tous beauls hommes fors et bien combatans qu'il povoit avoir ; constant en délibéré propoz, fier et courageux contre ses ennemis ; douls, paisible, et très familier à ses amis et a privés ; entre ses serviteurs, si très humble et tant humain, que plaisir estoit de luy servir ; convoiteux estoit d'amasser trésor, pour desir de voyagier et conquerre : à brief parler, moult de belles vertus furent en luy ; et se fortune ne lui eust mist oultre raison, jà n'eust en son temps failly à conquerre royaume ou empire. — Celluy prince fist grant guerre à la Royne de Naples pour le royaume d'Arles et terre de Provence ; dont ils firent paix et le fist la dicte royne son fils adoptif, et héritier de son royaume de Naples et de Poulle.... — Le duc d'Anjou, nonobstant son adversaire [Charles de la Paix] enfin conquist tout le royaume, couronné fu de Naples, et appelé le roy Loys. — Lequel laissa sa très noble, bonne, sage et belle femme et deux très beaulx et bons enfans, l'un appelé à présent comme le père le roy Loys ; l'aultre trespassé n'a mie moult appelé en tiltre Prince de Tarente : et ainssy transist la gloire du monde. » — *Christine de Pisan.*

Il fut adopté, disons-nous, par la reine Jeanne de Naples, et — « En cel an 1382, le duc d'Anjou qui estoit devers le pape Clément pour aler sur Monseigneur Charles de La Paix, en la fin du mois de may le dit pape Clément le sacra et couronna à roy de Cezille, de Napples, prince de Kalabre et de Puille. » — C'est lui qui a fait la seconde branche des Roys de Naples et de Sicile.

Né le 23 juillet 1339, mort en Italie le 20 septembre 1384.

4. — BIRRI. — BERRY.

Porte : *D'azur semé de fleur de lys d'or, à la bordure engreslée de gueules.* — Le heaume d'argent de profil, le volet d'azur semé de fleurs de lys d'or, le bourlet ou tortil de gueules et d'argent, et pour cimier une simple fleur de lys d'or avec deux houppes, une sur chaque angle.

Jean, Duc de Berry, troisième fils du Roy Jean portoit pour devise la figure d'un ours et celle d'un cygne avec ces paroles ***Orsene le temps venra***, ce qu'on attribue à une dame qu'il aimait appelée ***Oursene***, des Orsini.

Jean, fils de Roy de France, Duc de Berry et d'Auvergne, Conte de Poictou, de Xaintoigne et d'Angoulesme, etc. 1373. — Nous Jehan filz de roi de France, duc de Berry et d'Auvergne, Comte de Poictou, et Guy de Chastillon, comte de Blois, seigneur d'Avesnes, de Beaumont, de Scoenchove et de Goude, à tous ceux qui ces presentes lettres verront, salut... ***Archives.*** — Duc Jean de Berry fut marié deux fois, premièrement à Jeanne d'Armagnac, fille de Jean I du nom comte d'Armagnac, Fesensac, Rodais et Gavre et vicomte de Lomagne ; 1360. ***Sainte-Marthe.***

La conté de Berry demeura ainsi attachée à la Couronne, depuis la dite année 1096 jusques en décembre 1360, que le roy Jean, par ses lettres patentes, données à Boulongne, créa Jean son troisième fils, et de madame Bonne de Bohême, Duc de Berry et d'Auvergne, qu'il érigea en Duchez et Pairiez, suivant la loy du Royaume arrestée en la 3e lignée de nos roys, que l'on donnerait aux enfans des roys des duchez et comtez et autres seigneuries, en appanage réservé au roi, et à la charge de reversion à la couronne à défaut d'hoir masle.

Jean de France, duc de Berri et d'Auvergne, d'abord comte de Poitiers, né en 1340 — « eut toujours beaucoup de part aux bons succez que le roy Charles V son frère eut contre les Anglois. » ***P. Anselme.***

Quelques jours avant la bataille de Poitiers : « — 1355-1356. Lors se parti li rois de France de Loches et vint à le Haie en Tourainne ; et ses gens avoient passet le Loire au pont à Orléans, à Meun, à Saumur, à Blois et à Tours, et là ou il pooient. Et y avoit si grant nombre de bonnes gens, que bien XX^{m} hommes d'armes sans les aultres ; si y avoit bien XXVI [XXXVI] que contes, que dus, et plus de VII^{xx} banères. Et avoit là li rois ses IIII fils, qui pour le temps estoient moult jone, monseigneur Charle, duch de Normendie, monseigneur Louis qui fu depuis dus d'Ango, monseigneur Jehan ossi depuis duch de Berri, et monseigneur Phelippe le mainnet, qui fu depuis dus de Bourgongne. Si poés bien croire et sentir quel à estoit toute li fleur de France, de chevaliers et d'escuiers, quant li rois de France et si IIII enfant personelment y estoient. » *Froissart.*

« En ce temps, monseigneur Jehan de France, duc de Berry, fit une grant semonce de grans seigneurs, c'est assavoir monseigneur le duc de Bourbon, monseigneur de la Marche, monseigneur Jehan d'Artois, conte d'Eu, monseigneur Bertran de Claequin, monseigneur Olivier de Clichon, monseigneur Olivier de Mauny et très grant nombre d'autres barons, nobles chevaliers et escuiers et bonne gens d'armes. Et entra le dit monseigneur de Berry en Guienne et coururent sur le pais. » — *Chr. des Valois.*

C'est entre les mains du Duc de Berri que la ville de Poitiers redevint française en chassant l'Anglais : « le dit Mgr Jehan de France, duc de Berry à grant compaingnie ala chevaucier les banières déploiées devant la noble cité de Poitiers. Les bons bourgeois et citoiens de Poitiers, qui estoient bons et vrais Françoiz, quant ils virent les banières des fleurs de liz, les armes de leur souverain seigneur le roy de France, ilz prindrent à crier « Montjoye » parmi la ville et cité de Poitiers... Et les citoiens eurent conseil... et mistrent hors les angloiz de la cité, puis rendirent les clefz de la cité a Mgr le duc de Berry .. Et après la prise ou rendue de la noble cité de Poitiers, se rendirent très grant nombre de villes et de chasteaulx. » 1372. — *Chr. des Valois.*

Le deuxième frère du roy Charles estoit Jehan duc de Berry, lequel en sa jeunesse hanta les armes, et fu à maint fait d'armes, en Guienne et autre part, contre les Anglois ; fu moult bel jouteur, dont, autant qu'il estoit en Angleterre avec son père le roy Jehan, y forjousta les joustes par plusieurs fois, et aussi en France. Jolis estoit, amoureux et gracieux, et de moult joyeuse condiction ; en France, au vivant du roy Charles, furent par lui assiégiées maintes fortresses et prises, et pluiseurs à luy se rendoient, et mesmement la cité de Poistiers Sage en conseil, prudomme en fait. Le delicte et aime gens soubtils, soyent clercs ou autres, beaulx livres des sciences morales et histoires notables des pollices rommaines ou d'autres louables enseignemens, moult aime et voulentiers en oit tous ouvrages soubtilement fais et par maistrise beauls et polis, aornemens riches, beauls edifices dont a fait faire maint en son pays, a Paris et aillieurs. *Christine de Pisan*. — C'est pour lui qu'ont été faits ces admirables manuscrits que possède encore notre Bibliothèque Nationale à Paris : les *Grandes Heures du Duc de Berry* et les *Petites Heures du Duc de Berry*, ces joyaux de l'ancien Musée des Souverains.

Né le 30 novembre 1340, mort le 15 juin 1416.

5. — BORGONDIEN. — BOURGOGNE.

Porte : *Écartelé au* 1 *et* 4, *d'azur semé de fleurs de lys d'or à la bordure componée d'argent et de gueules ; au* 2 *et* 3 *bandé d'or et d'azur de six pièces, à la bordure de gueules* ; ou, selon la vieille langue du XIVe siècle, *les armes de France à une bordure bougonnée d'argent et de gueules, escartelées contre les armes de Bourgogne qui sont d'or et d'azur de six pièces à une bordure de gueules*. — Le heaume de vermeil, le bourlet de gueules et d'argent, sur une chappe armoyée du premier quartier et le volet du second quartier ; pour cimier une double fleur de lys d'or portant sur chaque angle une houppe de sable.

Par le deceds de Philippe II Comte d'Auvergne et de Bourgogne et Duc de Bourgogne, le duché de Bourgogne escheut au Roy de France Jean son beau-père, par proximité du sang, à cause de Jeanne de Bourgogne sa mère, et non pour raison de la Couronne à laquelle il l'a réuni, en ayant esté démembrée par la donation que le roy Henri Ier en avoit faicte à Robert son frère, et depuis démembra de rechef ce Duché qu'il bailla à Philippe le Hardi son second fils, suivant la loi des appanages qui est de retourner à la Couronne pour faute d'hoirs males. — *Justel* 78.

Philippe, quatrième fils du Roy Jean, né en 1341, fut d'abord duc de Touraine et son père lui retira ce duché pour l'investir du duché de Bourgogne. Aussi, est-ce, comme aux trois précédents, plutôt l'impersonnalité des armes qui est représentée ici : Philippe a porté ces armes après avoir porté les suivantes, n° 6.

Titres scellés : — Confirmation par Charles V du don que le roi Jean avait fait à son fils Philippe du duché de Bourgogne, 2 juin 1364. — Charles V s'engage à rendre à son frère Philippe le duché de Touraine, s'il étoit troublé dans la possession du duché de Bourgogne ; au Louvre près Paris, 2 juin 1364.

Dans Grunenberg, le duc de Bourgogne n'est plus un fils de France, mais Philippe le Bon, duc de Bourgogne, de Lothier, de Brabant, etc., en 1450, issu de France.

Philippe le Hardi a commencé la dynastie de la seconde Maison de Bourgogne, issue de la Maison de France. Sa devise : ***Moult me tarde.*** Il était encore enfant quand il combattit à côté de son père à la bataille de Poitiers et fut fait prisonnier avec lui : « onques ne relinqui son père ne fouy ; par quoy acquist lors le nom que puis ne luy chay, que on lui disoit Philippe ***le Hardy.*** » ***Christine de Pisan*** — Philippus Valesius, primùm sine terra cognominatus, deinde Turonensium, postremo Burgondiæ Dux, cognonime ***Audax***, natus est anno a nativitate Jesu Christi 1341 patre Joanne Valesio Duce Nortmanniæ. — ***Ponto Heutero.***

Philippe de France II du nom, duc de Bourgogne, pair de France, comte de Flandres, d'Artois, de Bourgogne Palatin, de Nevers, de Rethel, d Estampes et de Gien, gouverneur de Picardie et de Normandie, surnommé le Hardy, quatrième fils de Jean, roy de France et de Bonne de Luxembourg, naquit à Pontoise le 15 janvier 1341. Ses premières actions furent à la journée de Poitiers 1356 ; il y combattit vaillamment, quoique dans une grande jeunesse, près du roy son père, y fut blessé et y demeura prisonnier. Ce qui lui fit donner le nom de *Hardy*. — ***P. Anselme, L.*** 238.

Il mérita le nom de ***Hardy, audax*** en plusieurs occasions ; d'abord pour la bataille de Poitiers, ensuite « pour ce qu'estant prisonnier en Angleterre avec ledict roy Jean son père, il s'advança de donner un soufflet à un des fils d'Angleterre en présence du roy son père, lequel estoit à table, et ce à raison d'aucunes reproches et propos injurieux que ledict filz d'Angleterre luy avoit tenus ; aultres et signamment la Chronicque de France tesmoingne qu'il fut appelé le Hardy, à raison qu'au couronnement du roy Charles, sixiesme de ce nom, sur le débat qui se meut entre ledict Philippe et le duc d'Anjou, touchant leur siège et prééminence, s'estant ledict duc d'Anjou, comme régent et l'aisné des enfants du feu roy assis joindant [près] ledict roy Charles, et ayants chascun des pers et seigneurs de France prins lieu selon leur qualité et estat, ledict Philippe duc de Bourgoigne, sauta pardessus les bancqs, se mettant entre ledict roi et le duc d'Anjou, où il demoura assis, au grand regret et crêve-cœur d'icelluy d'Anjou. » — *Oudeghest.*

De son côté Olivier de la Marche rapporte de même ces trois raisons qui firent donner à Philippe le surnom de *Hardi* ; la première, parce qu'à la journée de Poitiers, où le roi Jean fut fait prisonnier par les Anglois, Philippe, *pour prières, ne pour commandement, pour danger, ne pour fortune, ne voulut abandonner son père ;* la seconde, parce qu'étant en Angleterre, il donna un soufflet à un chevalier qui démentoit le roi, son père, en lui disant : *Déloyal chevalier, t'appartient-il de démentir si noble personne que le roi de France ?* Troisièmement enfin, Philippe fut surnommé *le Hardi,* parce qu'il mit l'épée à la main contre le prince de Galles, dans une dispute qui s'éleva entr'eux au jeu d'échecs.

Juvénal des Ursins dit aussi qu'au sacre du roi de France, Philippe prétendit avoir à table sa place avant son frère aîné Louis d'Anjou, comme doyen des pairs : le roi décida pour Philippe ; cependant Louis se plaça à côté du roi ; mais Philippe saillit par-dessus la table et vint se mettre entre le roi et son frère, et lors Philippe fut appelé *le Hardi.*

Après la mort du Roy Jean, le Roy Charles V, négocia le mariage de Philippe son frère avec Marguerite de Flandres, dite de Mâle. « Et d'icelluy mariage avoient pieça les paroles estées portées par très noble dame la contesse d'Artois, mère du dit conte .. Et alors ala monseigneur Philippe de France, duc de Bourgoingne espouser la fille et héritière du conte de Flandres, et après ce qu'il oult espousée, tantost après il se partit et vint à Rouen où le roy son frère estoit. » *Ch. des V.*

« Mgr le duc de Bourgoingne, désirant débouter les ennemis de la terre du roy son frère, moult hastivement s'appliqua pour venir devant Moulineaulx, avec lui le conte de Dampmartin, Mgr le mareschal Boussicaut, Mgr de la Ferté et tous ceulx qui avoient tenu le siège de Eschaufou. 1364. » — *Chr. des Valois.*

« Monseigneur de Bourgoigne, à la requeste et prière de ceulx de Chartres, ala mettre le siège devant Connoy, et le fit moult fort assaillir. Car de Chartres vint engins et pierres qui jettoient de jour et de nuyt par telle manière que nul ne se savait ou rescousser en fort de Connoy pour les coups de pierres. Tant efforciement destraint Monseigneur Philippe duc de Bourgoingne les Angloiz que le dit fort lui fut rendu. Et comme il avait fait de ceulx de Camerolles, il fit semblablement de ceulx de Connoy. » — *Ch. des Valois.*

Enfin : « sur la fin de l'année 1396 la Duchesse de Brabant ià chargée d'eage se trouvant à compagnie avec le Roy de France déclara par ses lettres, que ses héritiers légitimes estoient les enfants de Philippe de France duc de Bourgogne et de Margarite comtesse de Flandres sa nièpce, ce que depuis elle confirma encore en assemblée générale des Estats de ses pays. » *Butkens.*

Le duc de Bourgogne mourut à Halle le 27 avril 1404.

6. — HT. VAN TOREYNEN. — DUC DE TOURAINE.

Porte : *D'azur à trois fleurs de lys d'or au bâton de gueules brochant.* — Le heaume d'argent taré de deux tiers, la couronne de sable, le volet d'azur et pour cimier une queue de paon sortant d'un tuyau d'or.

Ce sont les armes de Philippe le Hardi avant d'être Duc de Bourgogne, et avant lui, de Jean Duc de Berry. — « Paravant l'adventure du Roy de France, comme dit est, Monseigneur le Duc de Thouraine, son frère, fut translaté ou transmué, de la Duché de Thouraine en la Duché d'Aurliens, et fut Duc d'Aurliens. » *Chr. des Valois.* — « Le Roy de Franche qui tenus s'estoit à Rouen, Se party atout grand foison de gens d'armes, et s'en vint à Chartres. Assés tos après y vinrent ses quatre fils, dont on faisait grant conte, Monseigneur Charles, Duc de Normandie et Doffiin de Vianne, Monseigneur Loïs, qui depuis fu *Duc* d'Ango [lors s'appeloit *Conte* de Poitiers, d'Ango et du Maine], Monseigneur Jehan, le tierc fils, qui depuis fut Duc de Berry, et lors s'appeloit Comte de Touraine, et Monseigneur Phelippes, le maisné, qui puis fut Duc de Bourgogne ; mais encore pour le temps de lors le Roy son père ne luy avoit point désigné de terre. » — *Froissart.*

Au premier chapitre de l'Ordre de l'Etoile tenu à S. Ouen par le Roy Jean en 1356, il donna le dit ordre à Philippe de France, Duc d'Orléans son frère ; Charles de France, Ier Dauphin de Viennois, son fils aisné ; Louis, Duc d'Anjou, Jean, Duc de Berry et Philippe, Duc de Touraine, ses autres enfants ; Charles, Roy de Navarre, Comte d'Evreux ; Pierre, Duc de Bourbon et Jacques de Bourbon, Comte de la Marche frères ; Charles d'Espagne, Comte d'Alençon ; Ernoul d'Endreghan et Jean de Clermont, mareschaux de France, etc. — *Favin.*

En 1363 le Duc de Touraine fut fait Duc de Bourgogne. Facta est igitur commutatio ducatuum Burgundiæ et Turonorum. Joannes Rex cupiens ornare filium suum Philippum ob proeclare ipsius in se merita, Ducatum illi Burgundiæ heredibus que ex proprio corpore legitimoque matrimonio provuandis [ita tabulæ loquuntur] attribuit : retento sibi Ducatu Turonensi. — *Meyerus*, *Annales*.

« Le duc de Touraine, comte de Valois, frère et lieutenant général du roy, fait son entrée à Amiens le 21 octobre 1386. Il revenoit de Lille ; il avoit accompagné le roy à son voyage de l'Ecluse, qui y devoit passer la mer. » Tiré des comptes de l'hôtel de ville d'Amiens au chapitre des Présens. — *Don Grenier*. 47-13.

« En 1388 le roy de France Charles V fait la guerre au duc de Gueldres. L'on se mist en campagne sur le commencement du mois de septembre, avec une des plus florissantes armées de quoi l'on sache à parler, car le Roy menoit en sa compagnie les ducs de Berry et de Bourgogne ses oncles, Louis duc de Touraine, son frère, Charles, duc de Lorraine, Henry sire de Cassel fils aisné du duc de Bar, et autres princes, barons, chevaliers..., et dict on que l'armée n'estoit pas moins que de cent mille combattants. — *Butkens*.

7. — H. R. T. ORLIENS. — DUC D'ORLÉANS.

Porte : *D'azur semé de fleurs de lys d'or au lambel bougonné* c'est-à-dire *componé d'argent et de gueules*.

Le lambel componé qui lui sert de brisure est d'Orléans-Valois. Le P. Labbe se trompe lorsqu'il dit que Philippe de France, fils puîné du roy Philippe de Valois porta *semé de France au lambel de trois pièces fascé d'argent et de gueules* : ce n'est pas un fascé mais des petits morceaux carrés et ajustés comme on peut le voir au compte du brodeur cité plus loin et comme le marque le mot *componé*. — Les Ducs d'Orléans comme puînés de France ont porté depuis le lambel tout d'argent. — Dans les comptes d'Estienne de la Fontaine, de l'an 1350, on lit : « Pour deux aulnes de velluiau vermeil et blanc à faire les lambeaux de l'armoirie », parce que les lambeaux d'Anjou sont de gueules et ceux d'Orléans faits de morceaux rouges et blancs : « Pour deux aulnes et demie de cendal blanc et vermeil à faire des labeaux ». *Menetrier*.

Philippe de France, Duc d'Orléans et de Valois, était second fils du Roy Philippe de Valois. Il combattit à Poitiers avec le Roy Jean, son frère. Il mourut le 3 septembre 1375, sans enfants.

On doit remarquer ici, que conformément à l'ordre des préséances, le Duc d'Orléans est placé après ses neveux, les fils du Roy Jean

Il y a des Lettres-patentes portant, à Philippe de France, frère du Duc de Normandie, du don du Roi du Duché d'Orléans, des Comtez de Valois et de Beaumont-le-Roger, des terres que Robert d'Artois tenoit en Normandie, du Vicomté de Breteuil et des terres que Jeanne d'Evreux, veuve de Charles IV du nom dit *le Bel*, roy de France et de Navarre, tenoit à titre de Douaire dans les Comtez de Champagne et de Brie, et dans le Duché de Normandie ; lesquels Duchez. Comtez, etc, ledit Philippe de France et ses successeurs tiendront en pairie. 1344. ***Chambre des comptes ; Lemaire, antiquités de la ville d'Orléans*** — Ordonnance de Philippe de Valois, que les vassaux du Duché d'Orléans, Comtez de Valois et Beaumont, façent hommage à Monsieur Philippe de France, auquel il a donné en apanage lesdits Duchez et Comtez. Mars 1345. ***P. Anselme.***

Chandos, le héraut d'armes du Prince Noir, rapporte dans son Poëme sur la Bataille de Poitiers que le Duc d'Orléans commandait l'arrière-garde :

A donqes appela ce est chose clère,
Le riche Duc d'Orlians, son frère :
Frère, fait-il, si Dieux me garde,
Vous amesnerez nostre ariére-garde.

La Chronique de Bertrand du Guesclin cite parmi les défenseurs de Paris le Duc d'Orléans

Plusieurs Englois y ot, ç'on les eust créus,
Pour donner assaut fussent devant Paris venus ;
Pluseurs en y avoit qui faisoient refus,
Car a Paris avoit vin comtes et II ducs
Et grand foison de gent en armes esléus.
Sachiez que d'Orléans y fu li ducs membrus
Qui fu oncle du roy qui Dieux face salus....

Dans un Traité signé entre les Princes français et le Roy d'Angleterre, Edward III, les premiers sont désignés sous le nom générique de Seigneurs des fleurs de lys : — « 1362. C'est la parlance par entre les Ducs d'Orliens, d'Anjou, de Berry et de Burbon, et les Reverentz Pieres en Dieu les Evesqes de Wyncestre et de Ely, Chanceller et Trésorer d'Engleterre, et

Richard, Conte d'Arondell... — Premièrement, parmy la recréance des ditz *quatre Seigneurs de Flourdelys*, soient ballées au roi d'Engleterre la Terre de Bellevill...., et la countée de Gaure.... ; et, par seureté des dites choses faire, ces ditz terme et lieu, soient baillez au Roi d'Engleterre, en gaige, avant le département des ditz *Seigneurs de Flourdelys*... : et nient meins, revendront à Loundres *les quatre Flourdelys*... ; et ce fait et accompli qe se devra faire, come desus est dit, et le Roi en soit de ce souffisamment apris et assez certeins, deslors les *Quatre Flourdelys* serront de tout delivrés, et les terres demuront devers le roi d'Engleterre en manere accordée.... » *Rymer.*

8. — H. T. VAN GASSCOVEN. — DUC DE GASCOGNE.

Porte : *De gueules au Léopard d'or.*

Il ne faut pas confondre la Guyenne ou l'Aquitaine avec la Gascogne, qui n'en est qu'une partie. Le héraut Ghelre place ici ces armes comme une protestation du Droit contre la Force, reconnait cette Province comme un des Grands Fiefs de la Couronne de France. Alors que le Prince de Galles tient à Bordeaux une Cour splendide, d'un luxe plus grand que de nos jours, le vieux Héraut des Bords du Rhin tient compte de la résistance de quelques-uns : il sait et il a vu qu' « entre la Garonne, l'Océan et les Pyrénées », les Landes, la Chalosse, le Marsan, le Bearn, le Cominges, une partie du Bourdelois, veulent relever du Roy de France, et que les seigneurs de ce pays, Labret, Armagnac, Carmaing, Cominges, combattent dans les rangs français Ghelre, en vertu de son droit de héraut, figure donc ici un Duc de Gascogne et constate un fait, c'est que les Barons de Gascogne marchent sous la bannière de France, regardent le Roy de France comme leur souverain, et nous les voyons, en effet, plus loin à leur rang. Cette situation critique des Barons de Gascogne a causé plus d'une erreur historique. Les Anglais n'admettent pas qu'il eut un Duc de Gascogne portant *le Léopard d'or*, quand ils possédaient la Guyenne. Cette résistance des Barons de Gascogne n'a pas été assez remarquée : obligés d'exagérer leur nombre, pris entre deux feux, écrasés par les bandes anglaises, pleins d'esprit et de fougue, se multipliant à force de bravoure, ils en appelèrent sans cesse à la France contre l'Anglais : c'est de ce sentiment magnifique qu'est venu le mot de Gasconnade ; c'est de leur amour pour la patrie française qu'est venue leur sobriquet sublime dont on ne leur a pas assez tenu compte à travers les larmes des invasions.

Le Duché de Guyenne passa aux rois d'Angleterre, ducs de Normandie, issus des comtes d'Anjou par le mariage de la duchesse Alienor avec le roi Henri II. Leur fils le roy Richard fut duc de Guyenne et comme pair de France assista au sacre de Philippe II en 1179 : Etant mort sans enfants, son frère Jean sans terre lui succéda. Mais le Duché de Guyenne fut confisqué sur lui pour crime de félonie ; son fils Henri III s'accommoda avec le roi Louis qui luy céda « le pays de Lemousin, de Quercy et de Périgord et tout ce qu'Alphonse de France son frère, comte de Poitou, tenoit en Xaintonge par delà la rivière de Charente le tout avec Bordeaux, Bayonne et *la Gascogne*, et ce que le roi d'Angleterre avait deça la mer, *même les isles* estant du royaume de France, *à foi et hommage-lige pairie et titre du duché* d'*Aquitaine, du roi et de la couronne de France*, 1259. Edouard Ier rendit hommage en 1273. Edouard devait faire hommage en personne : sur son refus. Philippe en donna l'investiture au Prince de Galles son fils qui en fit l'hommage personnel. Ce prince devenu Edouard III fit hommage du duché en 1329 à Amiens : « Je deviens votre homme de la duché de Guyenne et de ses appartenances, que je clame tenir de vous comme duc de Guyenne et pair de France » ; et, prétendant à la couronne de France, ayant fait la guerre à celui qu'il avait reconnu son Roy, le duché de Guyenne ou d'Aquitaine fut confisqué et reconfisqué.

« Cy dist l'istoire que le prince de Galles, après certain temps qu'il fut venu de Espaingne, voult avoir et alever une subcide sur les Guiennoiz. Mais *les barons de Gascoingne* le contredirent, Mgr de Larbret et ses frères, le conte d'Armignac, Mgr Jehan d'Armignac son filz et la plus grant partie des nobles du dit pais. Et firent faire responce par un archediacre que ce n'estoit pas la voulenté aux nobles de Guienne que sur eulx ne sur leurs hommes eust ne preinst le prince aucune subvencion. Par quoy meust rumeur des barons contre le prince. Et pour doubte du prince le conte d'Armigniac et le sire de Larbret vindrent au roy de France comme a leur souverain seigneur et se clamèrent du prince. Et par la dite clameur et doleance fut le prince adjourné par devant le roy de France. Et y furent envoyez messages qui puis ne retournèrent de longtemps et ne sçavoit l'en s'ilz estoient mors. 1368. » *Chr. des Valois.* — « Dès le 10 février 1361 les Anglais se plaignaient à Jean de Melun, comte de Tancarville, chargé d'une mission en Angleterre, que le roi de France eut reçu ou voulu recevoir l'appel du comte d'Armagnac et du sire d'Albret. » *Martine Trésor anecd.* I. 1487 à 1489. — « Jean II d'Armagnac prit une grande part à l'appel des *Seigneurs Gascons* contre le prince de Galles. » *Kervyn.* — On trouve dans Rymer V. 314 une lettre d'Edward III aux citoyens de Bayonne qui voulaient reconnaître Philippe de Valois. 1342.

« Et pour non faire long compte, prist celle année le duc d'Anjou, le duc de Bourbon estant avec lui, Penne d'Agenois et Penne d'Albigeois, et Sainct-Machaire, Langon la cité de Condom, Florence jeune, *tous en Gascogne.* Et puis allèrent les ducs tous en leur compagnie en Bigorre... et par ainsi se passa la saison pour l'hyver qui commençoit. et licencia le duc d'Anjou ses gens et s'en vint à Thoulouze pour hyverner... et avec ce feit le duc d'Anjou au duc de Bourbon pour les beaux bons et agréables services qu'il luy avoit faits ès-guerres où il avoit esté continuellement ès-parties de Guyenne *et de Gascogne* pour le roy et le duc d'Anjou. » *Chron. du Duc de Bourbon*

9. — G. VAN ARTOYS. — COMTE D'ARTHOIS.

Porte : *D'azur semé de fleurs de lys d'or au lambel de gueules chastelé de neuf pièces d'or*, c'est-à-dire *chargé de neuf châteaux d'or, trois sur chaque pente, en pal l'un sur l'autre...* autrement dit : *semé de France au lambel de gueules chastelé d'or.* — Le heaume d'argent de profil, la chappe et le volet de.... retroussé de gueules, et pour cimier un oiseau becqué et membré de sinople entre deux ailes d'or.

C'est Jean d'Arthois, Comte d'Eu, fils de Robert d'Arthois et de Jeanne de Valois ; prisonnier à la bataille de Poitiers. Il fut fait chevalier le 26 septembre 1350, au sacre du roy Jean. *P. Anselme.* — Le roy Jean, non seulement fit chevalier Jean d'Arthois, à son couronnement, mais aussi peu de mois après ceste cérémonie l'investit du comté d'Eu, en Normandie, qui avoit esté nouvellement confisqué sur le connestable Raoul de Nesle. *Sancte Marthe.* — Lettres de Jacques de Camberon, etc., pour fonder certaines chapelleries perpétuelles, en l'église de Camberon, du consentement de très noble et puissant Prince son très redouté seigneur Jean d'Arthois, comte d'Eu, et sire de St-Valéry, et de Madame Isabeau de Melun, comtesse et dame des dits lieux, sa femme, et de Mademoiselle Jeanne d'Arthois, comtesse de Dreux et dame et héritière de S. Walery, leur fille ; 1366. *Duchesne.*

Nous Jehan d'Artois, conte d'Eu, confesse avoir eu et receu de Mgr le Roy, par la main de Jehan Danyau receveur de Chartres, et cois [connois] recevoir la finance du rachat de la C. de Dreux... 17 queux de vin venant de ce, que Jehanne d'Artois contesse de Dreux, notre fille a à Dreux à cause de son douaire. — A Paris, le 4 jan. 1375... Sceau de cire verte. Dartois supports 2 vieillards coiffez et cour. cim. un oiseau entre un vol.

On sait que son père « Robert III de ce nom comte de Beaumont-le-Roger, pair de France, etc., né en 1287, eut procès contre sa tante Mahaud d'Artois veuve d'Othon IV du nom comte de Bourgogne, pour raison du comté d'Artois. Robert fut débouté en 1309 et le jugement confirmé en 1318. Le roy Philippe le Bel voulant le dédommager lui donna le comté de Beaumont que le roy Philippe de Valois érigea en Pairie 1328. Comme il avoit épousé la sœur de ce roy, il se flatta qu'il lui seroit favorable pour le faire rentrer dans la comté d'Artois. Pour y réussir il fit présenter au roy de prétendues Lettres de donation contre lesquels le duc et la duchesse de Bourgogne s'inscrivirent en faux. Jeanne de Divion et Jeanne des Quesnes furent condamnées pour avoir fabriqué ces pièces. Robert fut banni du royaume et se retira en Brabant puis en Angleterre, ou le roi Edouard III le créa comte de Richemont, et à sa sollicitation entreprit au roy Philippe de Valois la Couronne : c'est l'origine de la Guerre de Cent Ans. Robert suivit le roy d'Angleterre aux Pays-Bas, et devint chef d'une armée navale que le roy Edouard envoyait en Bretagne : il assiégea Vannes, et la prit ; mais il ne la garda pas longtemps ; les Français la reprirent. Il reçut tant de blessures dans ce siège que s'étant fait porter à Hennebon et de là à Londres il y mourut en 1343 fort regretté des Anglais. Son corps fut enterré avec grande pompe dans l'Eglise S. Paul de Londres. — Il avait épousé Jeanne de Valois, fille puînée de Charles de France, Comte de Valois ; il en eut plusieurs enfants entre autres : Jean d'Arthois, ici présent, comte d'Eu, surnommé *Sans Terre*, né en 1321 fait chevalier en 1350 au sacre du roi Jean qui lui donna le comté d'Eu confisqué sur Raoul de Brienne II du nom, comte d'Eu et de Guines, connétable de France. Ce prince mieux conseillé que son père, demeura fidèle à la France, combattit à Poitiers où il fut fait prisonnier, comme nous l'avons dit. Ayant obtenu sa liberté, il se trouva en Picardie avec cinq chevaliers bacheliers et 32 écuyers de sa compagnie, 1369, suivit le roy Charles VI en France en 1382, fut à la bataille de Rosebecq en 1382 et mourut le 6 avril 1386, qui était la veille de Pâques 1387. — Il eut pour femme Isabel de Melun veuve de Pierre comte de Dreux et fille de Jean de Melun comte de Tancarville, dont il eut Philippe d'Arthois comte d'Eu, qui fut cause du désastre de Nicopolis »

Nous Philippe d'Artois conte d'Eu connestable de France, confesse avoir eu et receu de Fr. d'Arboucher 540 fr ; 1er fév. 1393 : Sceau de cire verte ; *d'Artois plein, au lambel de 3 pendants* ; cimier un oiseau posé.

10. — G. van Blois. — Comte de Blois.

Porte : *De gueules à trois pals de vair, au chef d'or.* — Le heaume d'or, la couronne de gueules et pour cimier une tête et col de cygne d'argent becqué de gueules, formant le volet aussi d'argent entre deux aîles de même.

Ce sont les armes pleines de Châtillon-Blois. André Du Chesne, dans l'Histoire Généalogique de cette Maison indique pour cimier un dragon de gueules et pour supports deux lions d'or : il nous en a donné les sceaux gravés dont la figure est moins correcte que le dessin du héraut Gelre. En recourant aux Preuves insérées à la fin de son livre, et en examinant les sceaux, on voit distinctement un dragon sur le heaume de Hugues en 1299 ainsi que dans le scel de Gaucher au bas d'une Charte de 1293 ; mais dans le contre-scel de Jean en 1335 apparaît la figure du cygne telle que Gelre la représente ici.

Charles de Blois fut un des ôtages pour le Roy Jean : « Et sont ostages, c'est assavoir : Messire Loys conte d'Anjou, messire Jehan conte de Poitiers, le duc d'Orléans, le duc de Bourbon, le conte de Bloys ou son frère, le conte d'Alençon ou messire Pierre d'Alençon son frère, le conte de Saint-Pol, le conte de Harecourt, le conte de Poitiers, le conte de Valentinoys, le conte de Bresne, le conte de Vaudémonz, le conte de Forez, le viconte de Beaumont, le sire de Couci, le sire de Fienles, le sire de Preaus, le sire de Saint-Venant, le sire de Garentières, le Dauphin d'Auvergne, le sire de Hangest, le sire de Montmorency, monsire Guillem de Craon, monsire Loys de Harecourt, monsire Jehan de Ligny ; ces sont les prisons [prisonniers] qui furent pris en la bataille de Poitiers, monsire Phelippe de France, comte d'Eu, le conte de Longueville, le conte de Pontieu, le conte de Tancarville, le conte de Joigny, le conte de Sanceurre, le conte de Donmartin, le conte de Ventadour, le conte de Salbruche, le conte de Auceurres, le conte de Vendosme, le sire de Craon, le sire de Derval, le mareschal de Daneham, le sire d'Aubigny. » 111, 205, *Rymer*.

L'illustre Maison de Châtillon-sur-Marne a été alliée treize ou quatorze fois à celle de France, et comme elle se trouve sur plusieurs tablettes du héraut Gelre nous en donnons une succincte généalogie d'après le P. Anselme.

Elle tire son origine de Miles, seigneur de Chastillon et de Basoches, sous Thibaut I, comte de Champagne. Son fils aîné Guy I, seigneur de Chastillon, était à la cour de Philippe I en 1076. et laissa quatre fils dont l'aîné Gaucher I, qui fit le voyage de la Terre-Sainte en 1096 où il mourut. Son fils aîné Henri I eut plusieurs enfants entre autres Gaucher II qui lui succéda, et Renaud de Châtillon, prince d'Antioche, célèbre par ses exploits en Terre Sainte. qui épousa en 1152 Constance, veuve de Raymond de Poitiers et fille et unique de Boemond II, Prince d'Antioche et d'Alix de Jérusalem.

Gaucher II du nom, seigneur de Chastillon, accompagne Louis le Jeune en Terre-Sainte où il fut tué en 1147 laissant de Ade de Roucy, — Guy II du nom qui, de Alix de Dreux fille de Robert de France laissa entre autres, — Gaucher III qui suivit Philippe Auguste en Terre-Sainte et se signala au siège d'Acre en 1191 : Il épousa Elisabeth de St Paul et succéda ainsi au comté de St Paul dont il prit la qualité. Il eut pour fils entre autres 1. Guy I comte de S. Paul, tué d'un coup de pierre en 1226 laissant d'Agnès de Nevers, entre autres, un fils Gaucher tué en Terre-Sainte et une fille Yolande accordée à Archambault IX sire de Bourbon, un des aïeux de Louis XIV ; 2. Hugues de Chastillon I du nom de comte de S. Paul et de Blois, mort en 1248. ayant épousé d'abord N. fille de Thibaut de Bar, sans enfans ; ensuite Marie d'Avesnes comtesse de Blois, et en troisièmes noces Mahaut de Guines. De la seconde il eut 1. Jean de Chatillon, comte de Blois de Chartres et de Dunois, seigneur d'Avesnes qui épousa en 1254 Alix de Bretagne, mourut en 1279, ne laissant de son mariage qu'une fille Jeanne de Chastillon accordée à Pierre de France comte d'Alençon, fils puîné du roy S. Louis et restée veuve sans enfants ; 2. Guy de Chatillon II du nom, comte de St Paul dont sont descendus les comtes de Blois et de S. Paul qui suivent ; 3. Hugues II seigneur de Châtillon, dont le fils aîné Gaucher IV connétable de France est la tige des comtes de Porceau et de Dampierre, d'ou sont sortis les comtes de la Fère et de Bonnoeil. *Voyez notre planche XLIV.*

Guy II de Chastillon comte de S. Paul, suivit S. Louis en Afrique et Philippe le Hardi en Arragon. se distingua au combat de Woeringen le 5 juin 1288 où il fit prisonnier le duc de Gueldres et l'Archevêque de Cologne. Il eut trois fils et trois filles que lui donna Mahaut de Brabant, veuve de Robert de France comte d'Arthois : 1. Hugues II de Chatillon, l'aîné, comte de Blois, tige des comtes de Blois ; 2. Guy III du nom comte de S. Paul, qui épousa Marie de Bretagne en 1292 et en eut entre autres Jean de Chatillon comte de S. Paul, époux de Jeanne de Fiennes, dont il eut *a.* Guy IV mort en otage en Angleterre en 1360 sans enfans de Jeanne de Luxembourg-Ligny, *b.* Mahaut comtesse de St Paul mariée en 1350 à Guy de Luxembourg-Liney dont sont descendus les autres Comtes de S. Paul :

Hugues II ci-dessus de Chatillon, fils aîne de Guy II succéda au comté de Blois à Jeanne de Chastillon sa cousine en 1291, mourut en 1303, ayant épousé en 1287 Beatrix, fille puînée de Guy de Dampierre comte de Flandres et d'Isabelle de Luxembourg, dont il eut Guy de Chatillon I comte de Bois et de Dunois seigneur d'Avesnes qui suit et Jean de Chatillon, dit de Blois. — Guy I épousa en 1298 Marguerite de Valois sœur du roy Philippe de Valois qu'il aida contre l'Anglois en 1338 : il mourut en 1342, laissant Louis de Chastillon I comte de Blois, etc. ; Charles de Blois, dit le Saint, Duc de Bretagne, dont l'histoire est dans notre Tome III ou V ; et Marie de Blois qui épousa Raoul duc de Lorraine puis Frédéric de Linange — Louis I de Chatillon, comte de Blois, etc. servit le roy dans la guerre contre les Anglois, assista son frère Charles contre le comte de Montfort, et fut tué à Crécy en 1346 pour la défense de la Patrie. Il eut de Jeanne de Haynaut sa femme, fille unique et héritière de Jean de Haynaut, seigneur de Beaumont et de Valenciennes, et de Marguerite comtesse de Soissons, trois fils : Louis II comte de Blois, etc. mort en 1372 sans alliance ; Jean comte de Blois qui épousa Mathilde de Gueldres, mort sans enfants légitimes au château de Schonhove : et Guy de Chatillon II comte de Soissons, de Blois, de Dunois, seigneur d'Avesnes, qui fut donné en otage par son frère aîné au roy Edouard III pour la délivrance du roy Jean, et qui, pour se rédîmer, céda par une donation entre vifs son comté de Soissons à Enguerran de Coucy en 1367. Il combattit ensuite vaillamment en Prusse contre les payens, revint en France en 1370 combattre avec les ducs d'Anjou et de Berry contre les Anglois en Guyenne, eut le commandement de l'arrière-garde à Rosebecque, et après la mort de son fils unique vendit ses comtez de Blois et de Dunois à Louis de France duc d'Orléans au préjudice de ses héritiers Il mourut sans postérité en 1397 et est enterré à Valenciennes dans la chapelle de Blois. Il avait épousé Marie de Namur fille de Guillaume de Flandres I du nom, comte de Namur et de Catherine de Savoye, dont il eut Louis de Chastillon, comte de Dunois et de Romorantin, marié en 1386 à Marie de Berry, sans enfants. — *P. Anselme.*

11. — G. VAN ALLENSON. — COMTE D'ALENÇON.

Porte : *D'azur semé de fleurs de lys d'or à la bordure de gueules besantée d'argent.* — Le heaume d'argent, la couronne d'or, le volet armoyé de l'écu, et pour cimier un dragon d'or lampassé de gueules entre deux ailes d'or en forme d'aigrettes.

Le duc d'Alençon comme tous les Princes du sang, prit part à la lutte qui refoula les Anglais de nos provinces du centre : « seachent tous que je Alain de Coetlogon escuyer, confesse avoir eu et reçeu d'Estienne Braque, trésorier des guerres, la somme de 75 livres tournoises, en prest sur les gages de moy, sept autres Escuyers et deux Archers armez de ma Compagnie, desservis et à desservir en ces présentes guerres du Roy nostre Sire sous le gouvernement de monsieur le Comte d'Alençon, Lieutenant du Roy au païs de Normandie deça la rivière de Seine, de laquelle somme je me tiens à bien payé. Donné à Caen, sous mon scel, 27 avril 1371. »

Et sont ostages .. c'est assavoir : Messire Loys conte d'Anjou, messire Jehan conte de Poitiers, le duc d'Orléans, le duc de Bourbon, le conte de Bloys ou son frère, *le conte d'Alençon ou mon sire Pierre d'Alençon son frère*, le conte de Saint-Pol, le conte de Harecourt, le conte de Portien, le conte de Valentinoys, le conte de Breine, le conte de Vaudemonz, le conte de Forez, le vicomte de Beaumont, le sire de Couci, le sire de Fienles, le sire de Preaus, le sire de Saint Venant, le sire de Garentières, le Dauphin d'Auvergne, le sire de Hangest, le sire de Montmorency, mon sire Guillem de Craon, mon sire Loys de Harecourt, mon sire Jehan de Ligny ; ces sont les prisons (prisonniers) qui furent pris en la bataille de Poitiers, monsire Philippe de France, le conte d'Eu, le conte de Longueville, le conte de Pontieu, le conte de Tancarville, le conte de Joigny, le conte de Sanceurre, le conte de Donmartin, le conte de Ventadour, le conte de Salebruche, le conte de Anceurres, le conte de Vendonne, le sire de Craon, le sire de Derval, le mareschal de Deneham, le sire d'Aubigny. III, 205, *Rymer*.

Charles le roy de France fit moult grant semonce pour combattre les dictes Compengnes, c'est assavoir Mgr le duc de Berry, Mgr le duc de Bourgoingne, Mgr Robert d'Alençon conte du Perce, Mgr Jehan d'Armigniac, Mgr de Larbret et ses frères, le captal de Bucs, Mgr de Beaumanoir, Mgr Olivier de Clichon, le conte Dampmartin, les barons de Normandie qui s'estoient mis soulz le conte du Perche, et les barons de Picardie sous le connestable, le conte de Saint Pol et le maistre des arbalestriers. 1367. — *Chr. des Valois*.

La Chronique de Bertrand du Guesclin le cite plusieurs fois

> Et le conte du Perche qui la chière ot membrée,
> Et celui d'Alençon et Pietre de l'Estrée,
> Et maint autre baron dont ne fais devisée.
> Le conte d'Alençon y uf, je vous affi
> Et Alain de Beaumont, Olivier de Mauni
>
> II, 161 et 192.

Charles de Valois II du nom, comte d'Alençon, de Chartres, de Perche, de Perhoet et de Joigny, seigneur de Vernoeil, de Domfront et de Fougères surnommé *le Magnanime*, pair de France, second fils de Charles de France, comte de Valois et d'Alençon, et de Marguerite de Sicile sa première femme, eut en partage les comtez d'Alençon et du Perche, suivant la disposition de son père, du 3 avril 1326. Il assista au sacre de Philippe de Valois son frère, en 1328 ; se trouva à la bataille de Mont-Cassel contre les Flamans, où il fut dangereusement blessé. De là il fut envoyé en Guyenne contre les Anglois. Après une trève, la guerre se ralluma et Charles se trouva à la sanglante et funeste bataille de Crécy, où il eut le commandement de l'avant garde de l'armée, et y mourut combattant le 26 août 1346. Il eut pour femmes : 1° Jeanne, comtesse de Joigny, morte sans enfants. 2° Marie d'Espagne, fille de Ferdinand II d'Espagne seigneur de Lara et veuve de Charles d'Evreux, comte d'Etampes ; il en eut entre autres : 3° fils, Pierre II du nom, comte d'Alençon, du Perche et de Perhoet, etc., surnommé *le Noble*, pair de France, ici présent, mort en 1404 ; et

4e fils, Robert contre du Perche, armé chevalier en 1369 — *Voyez le P. Anselme.*

Lettres patentes portant don à Pierre de France des Juifs qui sont dans les comtez d'Alençon et du Perche... au mois de janvier 1281. *Pièces originales à la Bibl. nat. à Paris.*

Philippe, cardinal d'Alençon éleu en 1357, puis archevêque de Rouen en 1360 et patriarche de Jérusalem en 1397, *Portoit de même.*

Lettres patentes portant union du comté de Domfront au comté d'Alençon, en faveur de Pierre comte d'Alençon, pour le tenir sous même pairie, foy et hommage ; à Paris le 13 sept. 1367. — Lettres patentes portant érection du comté d'Alençon en duché en faveur de Jean comte d'Alençon, pour tenir le dit Duché par lui et ses successeurs en pairie, etc à la Sainte-Chapelle du Palais Royal à Paris le 1er janvier 1414 ; registré au Parlement le 13, et en la Chambre des Comptes le 15 may 1415.

Nous Pierre comte d'Alençon et du Perche confessons avoir et reçu de Robert Grésille receveur au dict, sur les aides de la guerre, la somme de deux mille livres tournois qui deuz nous estoient à cause de ce que nous prenons par le don et octroy de Monsgnr le Roy sur les aides aians cours en notre comté du Perche .. pour un an commencé en janvier mil CCCLXXVI de laquelle somme de deux mille liv. nous nous tenons pour bien paiez et en quittons le dict receveur et tous autres à qui quittance en part et doit appartenir. En tesmoing de ce nous avons fait mettre notre scel à ces présentes. Donné à Alençon le VIIe jour de janvier l'an de grâce mil trois cens soixante dix et sept. *Signé* : Renart.

Pierre II comte d'Alençon épousa Marie de Chamaillard vicomtesse de Beaumont, dont il eut un fils, Jean I de Valois qui épousa Marie, fille aînée de Jean V duc de Bretagne comte de Montfort l'Amauri et de Richemont ; 1396. Jean de Valois succéda aux comtez d'Alençon (qu'il fit ériger en duché par le roy Charles VI le 1er jour de janvier 1414) et du Perche, au vicomté de Beaumont et baronnies de Fougères, de Vernueil et de Domfront Il fut partisan du duc Charles d'Orléans contre le duc de Bourgogne, pour venger la mort de Louys son père, tué l'an 1407 par ledit duc de Bourgogne. — Il tomba en différend avec le duc Jean VI (de Bretagne) son beau-frère à cause de leurs prééminences et honneurs, auxquels il fut préféré et luy fut adjugée la préséance ès assemblées des princes du sang royal, en considération qu'il estoit plus proche en degré de consanguinité pour succéder à la couronne, que n'estoit le duc de Bretagne. Il se montra de telle hardiesse et prouesse à la cruelle bataille d'Azincourt, qu'approchant mesme la personne du roy d'Angleterre, luy donna de la hache sur le timbre, dont abbatit partie de sa couronne. Quoy faisant néanmoins fut tué sur le champ par les archers de la garde royale, 1415. — Son fils, Jean de Valois, *alias* d'Alençon II du nom, 2e duc d'Alençon, 1446, surnommé *le Bon*, épousa 1° Jeanne d'Orléans, puis Marie d'Armagnac, dont il eut René duc d'Alençon, mort en 1492, laissant de Marguerite de Lorraine — Charles duc d'Alençon qui épousa Marguerite de Valois, fille de Charles d'Orléans comte d'Angoulême et sœur de François Ier, lors duc de Valois, comte d'Angoulême, depuis roy de France. Marguerite de Valois, dite aussi d'Orléans, duchesse d'Alençon et de Berry ne lui donna point d'enfants et cette branche des comtes et ducs d'Alençon fut éteinte ; le duché d'Alençon réuni à la couronne fut donné par Henri III en apanage à François son frère, dernier fils de Henri II. Revenu à la couronne il fut donné de nouveau par Louis XIV à son petit fils Charles de France. Le titre de duc d'Alençon est aujourd'hui porté par le second fils du duc de Nemours, le Prince Ferdinand d'Orléans.

12. — G. VAN STAMPIS. — COMTE D'ETAMPES

Porte : *d'azur semé de fleurs de lys d'or au bâton composé d'hermines et de gueules.*

Dans l'armorial des Amiraux, Le Feron indique ainsi que Gelre, *le bâton componé d'hermines et de gueules.* — Mais Etampes au siècle suivant porta : *de France à la bordure componée d'hermines et de gueules,* dans Berry. — Dans Waignart le comte d'Etampes porte : *d'azur semé de fleurs de lis d'or, à la bande componée de gueules et d'hermines* ; ce qui est un défaut — par ce que l'hermines doit passer avant le gueules. — On dit aussi : Estampes porte *de France au baston copponné ou bougonné d'hermines et de gueules* : ce sont les vieilles orthographes et les vieux mots qu'on trouve dans les manuscrits.

Charles IV dit *le Bel*, par lettres données à Paris au mois de septembre 1327, érigea la Baronnie d'Etampes en Comté-Pairie, en faveur de Charles d'Evreux, fils de Louis de France, comte d'Evreux et de Marguerite d'Arthois : il parut entre les pairs qui assistèrent au procès de Robert d'Arthois en 1331. Louis d'Evreux comte d'Etampes son fils, en fit donation entre vifs, au mois de novembre 1381, à Louis I, duc d'Anjou, ne s'en réservant que l'usufruit. ***P. Anselme.***

Joannes comes Stampensis uxorem duxit Joannam filiam Rudolphi comitis Ugelsensis magistri antea equitum decollati, eandem iam viduam Galteri ducis Athenarum. ***Meyerus***, Annales.

Il fut prisonnier à la bataille de Poitiers : Après la bataille il s'assit à la table du Roy, sous la tente, où les servit lui-même le prince de Galles : « Quant ce vint au soir, li prinches donna à soupper en sa loge le roy de Franche et tous les seigneurs et chevaliers bannerés, prisson, et les festia et honnoura humblement dou mieux qu'il pot, de leurs pourveances meysmes, car il n'avoient autres, et assey li prinches le roy Jehan, Monseigneur Jakemon de Bourbon, Monseigneur Jehan d'Arthois, le conte de Nasco, le conte de Ventadour ***le conte d'Estampes***, le conte de Waudimont et de Genville, le seigneur de Partenay et III autres vaillans chevaliers à une table moult haulte et bien couverte, et tous les autres seigneurs, barons et chevaliers, as autres tables, et servoit toudis li prinches au devant de le table dou Roy et par tous les autres tables ossi, si humblement qu'il pooit. ***Froissart.***

Charles, le roy de France (1364) vint à Paris. . avec lui Mgr d'Anjou et Mgr de Bourgogne ses frères, Mgr le conte d'Alençon et son frère le comte d'Etampes, Mgr Jehan d'Artois conte d'Eu, le conte de Tancarville et la plus grant partie des plus haulz barons. ***Chron. de Valois.***

Louis de France, comte d'Evreux, d'Etampes de Beaumont le Roger, de Meulant et de Gien, fils puîné de Philippe III dit ***le Hardy***, roy de France et de Marie de Brabant sa 2e femme, naquit en mai 1276, se trouva à Mons-en-Puelle en 1276, accompagna Louis le Hutin son neveu, en Flandres en 1315, mourut en 1319, ayant épousé Marguerite d'Arthois, fille aînée de Philippe, comte d'Arthois et de Blanche de Bretagne en 1300. Leurs enfants furent : 1° Philippe qui fut roy de Navarre et père de Charles le Mauvais ; 2° Charles d'Evreux comte d'Etampes, mort en 1336 : le comté d'Etampes fut érigé en Pairie en sa faveur en 1327 ; il épousa Marie d'Espagne, dame de Lunel, fille de Ferdinand d'Espagne dit de La Cerda, II du nom, seigneur de Lara ; elle épousa en secondes noces Charles de

Valois II du nom, duc d'Alençon ; elle mourut en 1379 et laissa pour fils : Louis d'Evreux, comte d'Etampes (ici présent), de Gien et de Biscaye, seigneur de Dourdan et de Lunel, Pair de France, qui assista au sacre du Roy Jean en 1350 Il épousa par contrat en 1357 Jeanne d'Eu, veuve de Gautier VI de Brienne duc d'Athènes, connétable de France, et fille de Raoul de Brienne I du nom, comte d'Eu et de Guines, connétable de France. Il mourut à Paris en 1400. Il ne laissa point d'enfants et eut pour frère et sœurs : Jean, mort à Rome ; Jeanne d'Evreux, 3e femme de Charles IV le Bel, roy de France ; Marie, épouse de Jean III duc de Brabant, et Marguerite d'Evreux.

Nous Loys comte d'Estampes. . avons eu et reçeus du receveur de Beaumont et de Couches, deux cens quatre vins dis sept livres parisis pour nos gages qui deuz nous estoient en l'ostel Monsgr le Roy, pour les moys d'aoust et de septembre derrenierement passez. Donné soubz notre scel, le XXXe jour décembre l'an de grâce mil ccc cinquante trois.

Sachent tous q. nous Loys conte d'Estampes avons eu et reçeu de Gilles Daniel et Nicole Couete, trésoriers généraux de ce présent subside, sur les gages desservis et à desservir de Billebaut de Trye chler et III escuiers de nre compagnie, receuz souz nous à monstre par les maréchaux à ce députez sous le gouvernement [de] Monsgr le Dalphin de Vienne, le XVIIIe jour de Juing, c'est assavoir LXXV liv. parisis compte aus. pour les drois du conestable de Normandie, I. soulz p q. les diz trés. ont retenuz p. deus eux ; de la quelle somme de LXXV liv. par. nous nous tenons pour bien paiez et en quittons ledit mons. le Dalphin et les dits trésoriers et tous ceux à qui y peut appartenir. Donné souz nre scel le XXe jour de Juing. Pièces originales, *Bibl. nat. à Paris*.

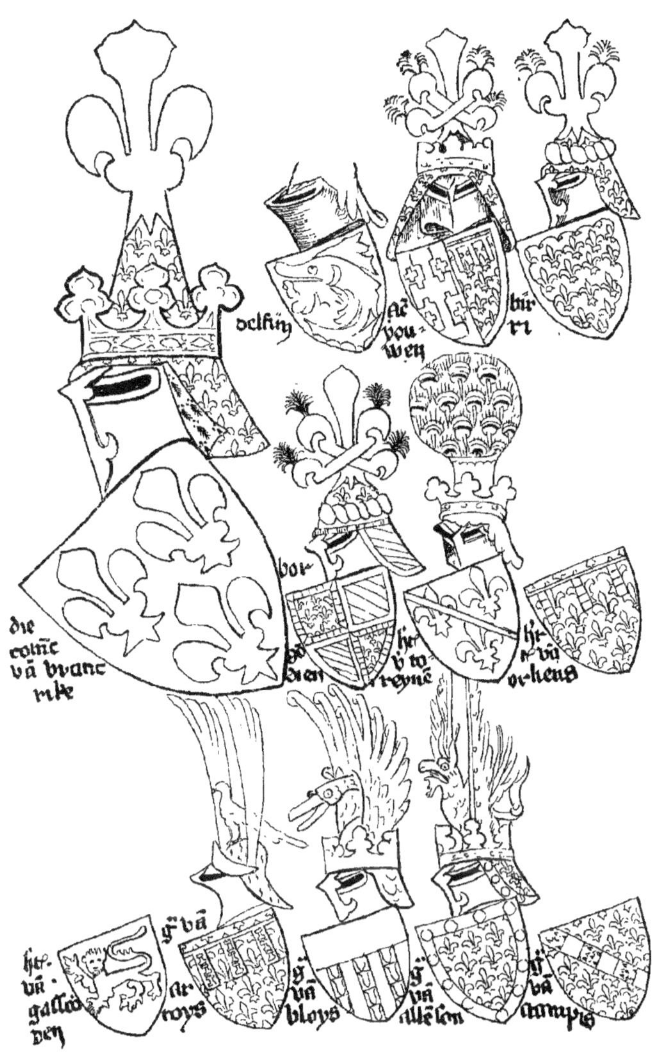

die
coinc
vā vranc
rike
delfijn
vā
bloys

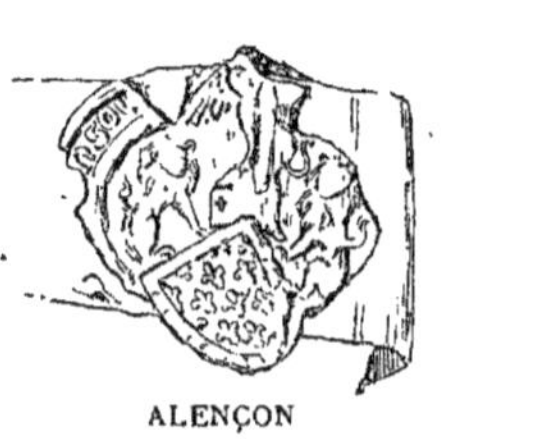

ALENÇON

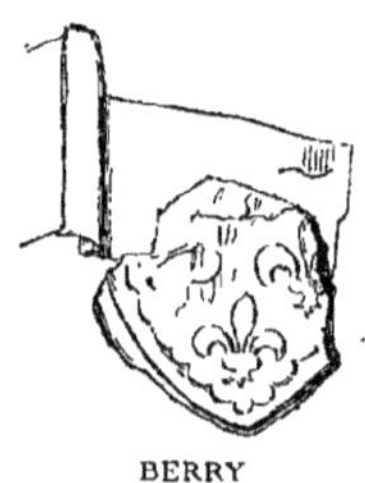

BERRY

TOURAINE

Bataille de Poitiers.

Bataille d'Auray

Du Guesclin à Montiel.

Combat devant Guernesey

Etienne Marcel livrant Paris

LE ROY DE FRANCE, ROY & EMPEREUR

L'Armorial du Héraut Gelre commence, nous venons de le voir aux Tomes précédents, par l'Empereur, *Kayser*, suivi ou accompagné de ses Électeurs qui, présentement, ont élu l'un d'eux, le Roy de Bohême Duc de Luxembourg Charles IV.

Après ce groupe, la marche s'ouvre par le premier Roy du Monde, le Roy de France, Roy et Empereur, successeur de Charlemagne Roy de France et Empereur d'Occident.

Quand Michel, Empereur de Constantinople envoya des ambassadeurs à Aix-la-Chapelle vers Charlemagne, il leur donna commission de l'appeler Empereur, Βασιλεὺς, confondant le nom de Royaume avec celui d'Empire. Puis, quand l'empereur Basile envoya une ambassade solennelle à Louis-le-Jeune Roy de France et Empereur d'Occident, il l'invita à s'abstenir du nom de Βασιλεὺς, parce qu'il n'y avait qu'un Empire Romain. Louis repondit « qu'il était Empereur parce qu'il était oint et sacré par les mains du Souverain Pontife ; qu'ensuite ce titre était descendu en lui de son aïeul Charlemagne qui ne l'avait point usurpé ; que son autorité lui était venue des Romains et transferée en la lignée de lui, Louis, de façon que les Princes de France avaient premièrement été Rois, puis après Empereurs, et que ces derniers étaient seulement ceux qui etaient oints et sacrez par le Pape ; que le Pontife Romain pouvait transporter l'Empire en Occident, puisque les Empereurs Grecs étaient entachés d'hérésie, ne défendaient point l'Église, avaient abandonné le pays et la langue des Romains, et que les

Français au contraire etaient les vrais fidelles du Christ et la vraie portion de l'héritage du Christ. »

*
* *

« Ainsi pour ce que l'Empire de Rome estant transporté, ou pour mieux dire rapporté en Occident par l'authorité du Souverain Pontife, on lui réserva de tout temps l'authorité de créer les Empereurs Romains par le Couronnement et l'Onction. Et le droit d'etablir un Roy pour être couronne ensuite comme successeur éventuel fut laissé aux Empereurs mêmes, ou aux Peuples ou aux Princes, et fut appelé Roy des Romains. Ce choix, ou cette élection se fit de plusieurs façons. Le premier fut Louis le Débonnaire que Charlemagne son père désigna et institua Roy et Empereur, qui fut jure par les Princes de France et confirmé par le Pape. Lothaire fils de ce Louis, désigné et pris par son père pour compagnon à l'Empire, fut couronné par le Pape. Un des fils de Lothaire, Louis le Jeune roy d'Italie, ayant eté *esleu* par son père et couronné par le Pape, fut créé Empereur.

« Quoiqu'on n'ait pas toujours appelé Roy des Romains celui qui etoit *esleu* et destiné Empereur, rappelons ici que Charles le Gros, en qui étaient réunis tous les royaumes de ses aïeux, se donna, après avoir eté couronné, le titre de Roy des Français et des Romains ; et même Charlemagne fut appelé Roy des Romains avant que d'être créé Empereur. Ce n'est qu'après Othon III qu'il est plus souvent fait mention du Roy des Romains pour dénoter l'esleu et designe à l'Empire. »

*
* *

Les premières Élections furent faites du consentement du Peuple et de la Noblesse. Après cela l'affaire se réduisit peu à peu, à un nombre plus petit et aux Princes seulement, du rang desquels furent quelques Princes Italiens, comme le Comte de Turin, le Marquis de Montferrat et par-dessus tous le Pape ou ses Légats, jusqu'à ce que ce droit d'election demeurât entre les mains des Princes d'Allemagne, à la charge qu'elle deust estre après confirmée par Sa Saintete, jusqu'au temps de Grégoire V, qui estant Allemand de nation, et parent d'Othon III, pour affermir et establir la grandeur de l'Empire en Allemagne, voulut restreindre les Électeurs au nombre de sept : ce qui désobligea les Français à cause de leurs droits anterieurs. Grégoire V voulait que l'entrée au gouvernement de l'Empire ne dépendit pas de la succession, mais de l'élection seulement. Les maisons de Franconie, de Souabe et d'Autriche sans parler des autres, s'efforcèrent toujours de conserver l'Empire en leur famille comme par une succession héréditaire couverte de l'apparente élection du Roy des Romains, qui estoit faite durant la vie des pères ou des autres qui gouvernaient l'Empire. Au XVIe siècle, Maximilien d'Autriche avait déjà disposé les Électeurs en faveur de Charles son neveu, pour lors Roy d'Espagne, depuis Charles-Quint ; mais surpris par la mort, il lui laissa le soin de s'aider lui-même, comme il fit, contre le grand Roy François Ier qui lui fut un très puissant compétiteur.

Lorsque Charles se presenta, les Princes et les Villes craignant de voir diminuer leurs privilèges, immunités et libertés, s'étaient retournés vers la source même de l'Empire au Roy Franc, au véritable représentant de l'Empire d'Occident. L'Europe entière se redressant contre le maître de l'Espagne, des Pays-Bas et de l'Autriche, allait élire François Ier. Il existe aux Archives Nationales, à Paris, un dossier complet des Engagements pris par les Princes Electeurs de l'Empire et des Villes impériales : nous possédons les copies authentiques de ces pièces, dont nous nous faisons un devoir de mettre le Sommaire sous les yeux du Lecteur, pour mieux faire comprendre comment le titre d'Empereur fut près de nous être rendu.

Archives Nationales. — Inventaire du Carton J. 952. — Dessein de François Ier de se faire élire Empereur.

1. — Promesse faite à François Ier par les envoyés de Joachim, marquis de Brandebourg, que si l'Empire venait à être vacant, il lui donnerait sa voix comme Electeur. Abbeville, 27 juin 1517. *Minute orig. parch.*

2. — Promesse faite par Joachim, marquis de Brandebourg et Électeur de l'Empire, de vivre en bonne intelligence avec le roi François Ier, et de l'aider envers et contre tous. Au château de Coln près Spire, 17 août 1517. *Orig. parch. sc.*

3. — Promesse faite à François Ier par le marquis de Brandebourg, Prince Electeur du St Empire, de lui donner son suffrage pour être élevé à la dignité impériale. Daté comme plus haut. *Orig. parch. sc.*

4. — Minute de la lettre écrite par François Ier à Joachim, marquis de Brandebourg. Mars 1518. *Orig. pap.*

5. — Bref adressé par le Pape Léon X au Cardinal Albert, Électeur du St Empire, pour le rendre favorable à François Ier lorsqu'il s'agira d'élire un Roi des Romains. Rome, 14 mars 1518. *Orig. parch.*

6. — Lettres de François Ier qui nomment Jean d'Albert, comte de Dreux et de Rethel, gouverneur de Champagne et sieur d'Orval ; Guillaume Gouffier sieur de Bonivet, Amiral de France, et Charles Guillart, Conseiller Président du Parlement, ses envoyés et fondés de pouvoir pour traiter et s'entendre avec les Électeurs de l'Empire au sujet de la promesse qu'il leur avait faite dans le cas où il viendrait à être nommé Empereur. Avril 1518. *Orig. parch. sc.*

7. — Promesse faite au Roi François Ier par le comte d'Isembourg de le servir envers et contre tous. 4 avril 1518. *Orig. parch. sc. et signé.*

8. — Instructions données par le Roi François Ier à Joachim de Moltzan, qu'il députoit vers l'Archevêque de Trèves, l'Archevêque de Mayence, Frédéric duc de Saxe et le marquis de Brandebourg. 23 oct. 1518. *Cahier de papier de 12 feuillets ; original signé du Roy.*

9. — Double des instructions données par le Roy François premier, à ses envoyés près des Électeurs de l'Empire, ainsi que vers le Roy de Pologne. Janvier 1518. *Cahier de pap. de 8 feuillets ; minute orig.*

10. — Bref du pape Léon X, par lequel, en faisant part à François Ier de la mort de l'Empereur Maximilien, il manifeste tout le désir qu'il a de le faire nommer à sa place par les Électeurs, et lui promet de faire tout ce qui dépendra de lui pour y réussir. Rome, 12 mars 1519. *Orig. parch.*

11. — Bref du Pape Léon X par lequel il mande à François Ier que s'il a le suffrage d'Albert cardinal et Électeur, pour être élevé à la dignité d'Empereur, il lui promet de son côté d'y coopérer tant qu'il pourra. Rome, 14 mars 1519. *Orig. parch.*

12. — Promesse du Margrave de Brandebourg de reculer le terme du premier paiement des 175.000 écus d'or-soleil promis par François Ier, dans le cas où l'Élection ne se ferait pas le 3 juillet. 8 avril 1519. *Orig. parch. sc. et signé.*

13. — Promesse faite à François Ier, par Joachim marquis de Brandebourg, Prince Électeur du St Empire, de lui donner sa voix pour le faire

élire Roy des Romains et faire tout ce qui dépendra de lui pour le faire nommer Empereur. 8 avril 1519. *Orig. parch. sc. et signé.*

14. — Projet ou minute de Lettre de François Ier à une Ville Impériale. Avril 1519. *Orig. parch.*

15. — Minute d'une lettre écrite par François Ier à une Ville Impériale. Avril 1519. *Parch.*

16. — Promesse faite à François Ier par Louis comte Palatin du Rhin, duc de Bavière, Prince Électeur du S. Empire, de lui donner sa voix pour être élu Roi des Romains. Heildeberg, 2 mai 1519. *Orig. parch. sc. souscription autographe.*

17. — Pouvoir donné par François Ier à Richard archevêque de Trèves, et Joachim marquis de Brandebourg, Électeurs du St Empire, ses fondés de procuration, de promettre en son nom que s'il était élu Roi des Romains, il confirmerait tous les privilèges des Électeurs. Saint-Germain-en-Laye, 12 mai 1519. *Orig. parch. sc. et signé.*

18. — Lettres de François Ier par lesquelles il nomme Richard, archevêque de Trèves et Joachim marquis de Brandebourg, ses commissaires pour traiter avec les autres Électeurs de l'Empire, dans le cas où il serait nommé Empereur. Saint-Germain-en-Laye, 12 mai 1519. *Orig. parch. sc. et signé.*

18 *bis.* — Double, non scellé.

19. — Lettres de François Ier par lesquelles il promet de donner à Louis comte Palatin du Rhin, duc de Bavière, Électeur Prince du S. Empire, à ses familliers, officiers, et aux gens de sa maison, tout ce qui leur avait été offert et promis par ses envoyés dans le cas où il lui donnerait son suffrage, pour l'élection, et qu'il serait nommé Empereur. Saint-Germain-en-Laye. 15 mai 1519. *Orig. parch. sc. et signé.*

20. — Promesse faite par François Ier à Richard archevêque de Trèves et Joachim margrave de Brandebourg, Électeurs du S. Empire, de leur fournir les fonds nécessaires pour payer des soldats et cavaliers qui favorisent et protègent leur voyage pour se rendre à l'Élection d'un nouveau Roy des Romains. Saint-Germain-en-Laye, 23 mai 1519. *Orig. parch. sc. et signé.*

21. — Lettres de François Ier qui nomment Jean d'Albret, comte de Dreux, seigneur d'Orval, Guillaume Gouffier, sr de Bonivet, amiral de

France, et Charles Gaillard président au Parlement, ses commissaires pour convenir s'entendre et s'accorder avec les Électeurs de l'Empire dans le cas où il serait élu Roy des Romains et Empereur. Saint-Germain-en-Laye, 28 mars 1519. *Orig. parch. sc. et signé.*

22. — Minute de la quittance faite par le Roy de la promesse du comte Palatin touchant l'Empire. A Carrières, mai 1519. *Papier.*

23. — Lettres de François Ier qui nomment Jean d'Albret comte de Dreux, gouverneur de Champagne et sire d'Orval, Guillaume Gouffier, sieur de Bonivet, amiral de France, et Charles Gaillard Président au Parlement, ses ambassadeurs vers le nouveau Roy des Romains. Melun, 26 juin 1519.

24. — Minute d'une Lettre écrite [par François Ier] à Louis Palatin comte du Rhin, duc de Bavière, Électeur du Saint Empire. Nantes, 13 août [1519]. *Parch.*

25. — Lettre de François Ier à Henri, duc de Lunebourg. Romorantin, 15 janvier. *Orig. parch. signé.*

26. — Lettre de François Ier à N. duc de Mecklenbourg, pour lui annoncer qu'il lui envoie Adam Bayer, dans la crainte que sa dernière lettre n'ait été interceptée. Romorantin, 15 janvier. *Orig. parch. sc.*

27. — Lettre de François Ier à Joachim marquis de Brandebourg, Électeur et archi-camérier du Saint-Empire. Romorantin, 15 janvier.

28. — Lettre de François Ier à Albert duc de Mecklembourg. Romorantin, 15 janvier.

29. — Minute d'une lettre de François Ier à Louis, comte Palatin du Rhin, duc de Bavière, Électeur et archi-sénéchal du Saint Empire. Paris, 19 février. *Parch.*

30. — Lettre de François Ier à la ville de Cologne. Paris, 3 mars. *Orig. parch. signé.*

31. — Semblable, à une ville d'Allemagne non désignée. Paris, 3 mars. *Orig. parch. signé.*

32. — Autre, à la ville de Francfort. Paris, 3 mars. *Orig. parch. signé.*

33. — Autre, à la ville de Worms. Paris, 3 mars. *Orig. parch. signé.*

34. — Lettre de François Ier à la Ville impériale de Herford ou Hervoeden, Paris, 3 mars. *Orig. parch. signé.*

35. — Autre, à la ville de Constance. Paris, 3 mars. *Orig. parch. signé.*

36. — Autre, à la ville de Spire. Paris, 3 mars. *Orig. parch. signé.*

37. — Autre, à la ville de Lubeck. Paris, 3 mars. *Orig. parch. signé.*

38. — Promesse par Jean Gaspar de Buoben, de servir envers et contre tous le Roy François Ier de qui il recevait une pension de 400 liv. ts. Blois, 17 avril 1520. *Orig. parch. signé.*

39. — Lettre de François Ier à Georges Duc de Saxe. Paris. *Orig. parch. signé.*

40. — Promesse de Gerlac, comte d'Isembourg, de servir le Roy François Ier, moyennant une promesse de 2,000 liv. ts. *Minute parch.*

41. — [Retiré comme étant d'autre nature que les pièces du carton].

42. — Minute de la promesse que l'Électeur de Brandebourg fera de donner sa voix au Roy François Ier pour être Empereur. *Pap.*

43. — Articles envoyés au Roy François Ier par le Comte Palatin. Traduit de l'allemand. *Papier.*

44. — Minute d'une Lettre de François Ier au marquis de Brandebourg. Blois, 1er décembre 1520. *Papier.*

45. — Instructions à Bauduin de Champaigne, seigneur de Bazoches, gentilhomme de la Maison du Roy, envoyé par François Ier vers l'archevêque de Trèves et Frédéric Roy de Saxe. Vendôme, nov. 1518. *Cah. de papier de 6 feuilles.*

46. — Instructions à mess. de la Vernade et Bazoches, envoyés vers l'archevêque de Trèves pour lui rappeler ses promesses au sujet de l'Élection de l'Empereur. *Papier.*

47. — Copie de la Lettre de François Ier à la Ville Impériale de Cologne. A Carrières, 1er mai 1519. *Papier.*

48. — Instructions données par François Ier au sieur Jean de la Loere, conseiller au Parlement, qu'il députait vers le duc de Julliers. Paris, février 1518. 4 *feuilles de pap.*

49. — Traduction de la Requête baillée par le Procureur de la Hanze Germanique à Londres. *Papier.*

50. — Minute de la Promesse faite par François Ier au marquis de Brandebourg et à son fils aîné, d'une pension de 9,000 écus d'or. *Papier.*

51. — Minute de la promesse faite par François Ier de fournir à Albert, évêque de Magdebourg et marquis de Brandebourg, la somme de 120,000 florins. *Pap.*

52. — Minute de la promesse faite par François Ier au marquis de Brandebourg, cardinal-évêque de Magdebourg et Électeur du Saint Empire, d'une pension viagère de 10,000 florins. *Pap.*

53. — Minute de la promesse faite par François Ier à Jérôme, évêque de Brandebourg, d'une pension viagère de 6,000 florins. *Pap.*

54. — Minute de la promesse faite par François Ier à Thierry, évêque de Lubeck, de lui faire payer 5,000 florins du Rhin. *Pap.*

55. — Minute de la promesse faite par François Ier au prince Joachim de Brandebourg, de lui conférer le gouvernement et l'administration de l'Empire, s'il advenait qu'il fût nommé Empereur et Roy des Romains. *Pap.*

56. — Copie informe d'une lettre de François Ier au cardinal Albert, archevêque de Mayence et margrave de Brandebourg. *Pap.*

57. — Lettre en latin adressée au chancelier Antoine Du Prat, par Joachim de Volteran [de Moltzau]. *Orig. pap.*

58 et 59. — Note diplomatique sur l'archevêque de Trèves. En latin avec traduction en français. *Pap.*

60. — Instructions pour Joachim, margrave de Brandebourg, où l'on rappelle l'origine commune des Sicambres et des Francs pour la France et l'Allemagne. *Papier.*

61. — Minute de lettre de François Ier, promettant aux Électeurs de l'Empire de les maintenir dans tous leurs droits et privilèges. *En lat. pap.*

62. — Instructions au capitaine Brandet envoyé par François Ier par devers François de Sickingen. *Cah. de pap. de 6 f.*

63 et 64. — [Retirés comme étrangers au carton].

65. — Lettre de Fréderic duc de Sleswig et de Holstein au Roy François Ier. *En allemand.*

L'élection de François Ier représentait une autre idée, avait un autre sens. Ce n'etait pas un autre maître qu'on se donnait, c'était un associé, « Dominus socius », et ce mot donne le véritable sens de ce qu'eût ete l'Empire sur la tête du Roy François Ier.

D'ailleurs, au XIVe siècle, un prince français avait déjà été candidat à l'Empire même : Charles de Valois et d'Alençon qui fut l'un des preux dont parle Froissart au commencement de ses Chroniques. On trouve aux

Archives Nationales à Paris, Registre JJ, 42, une promesse faite par ce Charles, fils de Roy de France, comte de Valois, d'Anjou et d'Alençon, au roy Philippe le Bel de lui rembourser la somme de quinze cents livres que le Roy a employées dans l'affaire dudit Charles « d'estre eslevé en Roy d'Allemagne ; Poitiers, le 16 juing mil CCC viii. »

∴

Cette tradition que l'Empire appartient aux Francs et peut sans cesse leur revenir, c'est que Charles-Quint lui-même se qualifiait : « Charles, Empereur et Roy d'Allemagne, Romanorum Imperator Augustus, ac Rex Germaniae. »

Cette locution même « l'Empire des Francs », sous laquelle la Nation Française a été connue jusqu'au fond de l'Asie et de l'Afrique depuis quatorze siècles est universelle : nos Roys ont toujours été des Empereurs.

Le Roy Charles VIII, ayant de grands desseins sur l'Orient, se fit proclamer Empereur de Constantinople par le Pape Alexandre VI à Rome, « où l'on remarque qu'il y fist des actes de souverain les plus essentiels, y estant entré armé et y ayant fait rendre la justice en son nom. » — Le Roy François Ier, montrant que Charles-Quint avait été élu par menaces, « fut aussy proclamé Empereur d'Orient par le Pape Léon X à leur entrevue à Boulogne, pour se mettre au-dessus des Empereurs d'Allemagne, beaucoup moins anciens que ceux d'Orient. » — Une statue élevée à Pise pour Charles VIII portait : *Cæsari Francorum*. — A l'entrée de Louis XI à Paris, la Ville frappa une médaille, *Cæsari Galliarum*. — En 1380 on comptait en Europe plus de quinze branches de nos princes de sang, et sept monarques de la maison de France. — La Couronne Française était *Impériale*. On écrivait aussi : « Le Roy et Empereur de France » et : « L'empereur des Français et Roy très Chrétien Fils aîné de l'Église. »

Nous pouvons en augmenter les preuves, quand on dit l'Empire d'Occident, on dit la France.

∴

Quand l'Empire Romain fut transporté à Constantinople, il ne lui resta que l'Exarcat de Ravenne et le Gouvernement de Rome pour représenter l'Empire en Occident, laissé à la discrétion des Patrices Romains qui exercèrent ainsi l'authorité impériale. Cette dignité de Patrice fut donnée au Roy Clovis par l'Empereur Anastase. On ne saurait nier que le Roy Pepin n'ayt esté Patrice. Les Papes unirent ensuite la qualité et la dignité de Patrice de Rome, c'est-à-dire Monarque des Romains, à celle de Roy des Français qui devint héréditaire à nos Roys : et en délivrant les Romains du joug des Lombards, Charlemagne incorpora l'Empire des Romains à celui des Français et des deux États n'en a fait qu'un, avant que le Pape Léon III ne l'ait couronné et proclamé Empereur. Enfin, par traités successifs, les Empereurs d'Orient, Michel et Léon, laissèrent à Charlemagne et aux Roys de France ses successeurs, l'Empire de Rome ou d'Occident. Et l'épitaphe de Charlemagne porte simplement qu'il *amplifia* le Royaume des Francs.

∴

La Monarchie Française sous Louis XIV fut la même qu'elle était sous Clovis Ier. Soixante-dix Roys en quatorze cents ans nous avaient mis à la tête des nations, grace à la Loi salique. Esperons le retour à la Loi salique et le rappel des descendants de Louis XIV.

Il y a des Maximes d'État qui forment ce qu'on appelle le Droit public des Français, les Loix fondamentales de la Monarchie. Il y a des faits historiques qui en sont la consécration. Ainsi *les Roys ne meurent jamais;* la perte de l'un estant si promptement réparée par la succession de l'autre qu'on ne saurait s'imaginer qu'il y ait eu le moindre moment d'interrègne. A peine l'un rend-il le dernier soupir que le héraut dit à haute voix : *Le Roy est mort, vive le Roy !*

∴

Les fiefs et les Estats qui appartiennent par un titre particulier au nouveau Roy, se réunissent de plein droit à la Couronne sans qu'il soit besoin d'aucune formalité ni d'aucune Déclaration expresse; c'est-à-dire : ce qui appartient au Roy par succession avant qu'il vienne à la Couronne, dès lors qu'il est fait Roy, est censé du propre domaine de la Couronne.

Le Domaine et les Droits de la Couronne ne se peuvent aliéner ny prescrire, nonobstant tous changements forcés ou volontaires. Les droits acquis une fois à la Couronne n'en peuvent être distraicts ny séparez, et n'est au pouvoir du Roy d'y renoncer.

La Couronne et le Sceptre sont un véritable et sacré ***dépost*** que les Princes doivent laisser entier à leurs successeurs et dont ils ne sauraient en nulle façon disposer.

Sous les deux premières races de nos Roys, les Fils de France se partagèrent le gouvernement des Provinces ; sous la 3e race, il y eut des Apanages et ces usufruits de Provinces ne leur furent donnés qu'à charge de retour à la Couronne à défaut d'enfants mâles.

∴

Le port des Armes et droit de Progéniture ne peut tomber en prescription, ne peut être vendu, transporté, ni aliéné. — Nul ne peut appréhender ce droit s'il n'est aisné et premier en ordre de sang et de nature. — Ce droit, donné et concédé précisément à la géniture et naissance première, ne peut être transmis à une autre branche, d'où résulte que les droits de sang et d'agnation sont immutables et que par aucun droit civil ne peuvent estre ostez ni supprimez : *il ne se peut faire que celuy qui est aisné ne le soit pas.* — Ils ne peuvent être cédés, transportés voire même à un autre frère, pour ce qui est fiché et attaché inséparablement *à la personne de l'aisné* et à l'aisné de l'aisné de ses enfants.

A l'aisné appartiennent les armes par droit de sang et de nature encore qu'il n'empoigne la succession et le bien héréditaire de son père ; — Ce droit des armes est indépendant de la possession du fief. — Les Armes demeurent chez l'héritier direct, *quia haeres est,* et sa ligne éteinte, en la ligne immédiatement suivante laquelle alors est directe.

Pour remédier aux débats qui pourroient advenir touchant l'aînesse et le port des Armes pleines, voulons et ordonnons que le filz maisnez de toutes maisons (mesmes les fils aisnez du vivant de leurs pères) soient tenus de mettre en leurs Armoiries quelque brisure, aussi longtemps que les branches des aisnez durent, afin de recognoistre et discerner les descendans de l'une et de l'autre branche.

∴

Les fils ou les proches parents sont appelez à la succession de la Couronne dans l'ordre de primogéniture, sans élection, sans choix : ils deviennent Roys par le fait de nature, de naissance, par l'inviolable Loi salique. Ils quittent leur nom particulier de branche, Anjou, Valois, Angoulesme, Orléans, Bourbon, pour prendre le nom DE FRANCE, ils sont *la France*, ils sont les dépositaires de la puissance de la Nation, ils s'identifient avec elle. Ils n'ont plus de patrimoine et ne sont qu'usufruitiers.

La branche d'Orléans est loin d'être l'aînée. Ce n'est pas du reste la Loi salique qu'elle invoque, c'est une tradition hypocrite du règne de Louis-Philippe. Elle prépare un coup de force qu'elle couvre d'audacieuses et mensongères allégations. Le sang saxon bout dans ses veines et elle n'appuie ses prétentions que sur nos défaites et nos revers, le Traité d'Utrecht et le Traité de Francfort, et l'*Almanach de Gotha.*

Comme pour le nom d'Anjou, plusieurs princes ont porté le nom d'Orléans en brisant de diverses manières, et chaque rameau a surbrisé. La principale de ces brisures est le *lambel composé ou bougonné d'argent et de gueules* comme on peut le voir ici même sur la planche du Heraut Ghelre. Depuis, le lambel a été *tout d'argent.*

Après avoir été réuni à la Couronne par Hugues Capet, Philippe de Valois érigea Orléans en Duché qu'il donna à son fils puîné Philippe ici présent, pages 24 à 26. Ce prince mourut sans enfans, et le Duché fut accordé par Charles VI à son frère Louis, en 1391. Ses successeurs en jouirent jusqu'à la mort de Charles VIII. Louis XII duc d'Orléans étant alors monté sur le trône, son apanage fut réuni au Domaine. Louis XIII donna ce Duché en apanage à son frère Gaston, et Louis XIV à son frère Philippe dont l'arrière-petit-fils porte encore aujourd'hui le nom de Duc d'Orléans. On voit donc qu'elle a pour ancêtre le Régent et que pour mettre la main sur la Couronne de France, la faction d'Orléans, en violation de la Loi salique fondamentale du Royaume, est venue par l'organe du Juif Limbourg, avocat de la Famille, affirmer per fas et nefas, en plein Palais-de-Justice, qu'elle s'appuyait sur l'Étranger et que son droit de succession n'était écrit que dans le Traité d'Utrecht !

∴

La branche d'Espagne issue de Philippe V est devenue l'aînée par la mort du Comte de Chambord ; elle a le titre particulier d'Anjou et garde son nom d'Anjou pour tous les Princes de la Branche. Celui qui doit être Roy d'Espagne, en ligne directe de masle en masle, doit porter *sur les écartelures d'Espagne*, le blason *de France à la bordure de gueules*, et cela est si vrai que malgré l'attentat de Ferdinand VII à la Loi salique, les armes d'Espagne ont gardé le blason d'Anjou tombé en quenouille. Quand j'entends les avocats de la maison d'Orléans contester aux Princes de la maison d'Anjou-Espagne, leur nom et leur titre de Princes Français, je ne puis que leur mettre sous le nez et sous les yeux, les leçons de l'histoire et les lois de la Monarchie. Le frère de S. Louis, Charles d'Anjou se nommait « Charles de France, Roy de Naples et de Jérusalem, dit le Grand, comte d'Anjou » et ses descendants gardèrent le nom d'Anjou jusques sur le Trône de Hongrie. — La seconde maison d'Anjou issue de Louis, fils du Roy Jean cy après, s'appela d'Anjou-Sicile et d'Anjou-Naples. Ainsi, « Louys, Roy de Sicile, duc d'Anjou, épousa Marguerite de Savoye » ; autre « Louys, duc d'Anjou, Roy de Sicile épousa Jeanne d'Arragon ». On les reconnaît à leurs armoiries brisées et écartelées de différentes manières, puisque l'Armoirie est le *Nom muet*, la représentation du nom. — Un de nos Roys, Charles VII, épousa « Marie d'Anjou, fille du Roy de Naples », qui portait de Hongrie, de France, de Jérusalem, coupé de Sicile et d'Arragon. — N'oublions pas René d'Anjou, Roy de Naples, de Sicile, de Jérusalem, d'Aragon, de Valence, de Majorque, *duc d'Anjou*, de Lorraine et de Bar, marquis du Pont, comte de Barcelone, de Provence, de Forcalquier et de Piedmont. » Quand on montre sa statue on dit encore aujourd'hui : « C'est René d'Anjou ! » — Plusieurs autres Princes ont porté depuis le nom d'Anjou avec d'autres Armes, ces *noms muets* parlant aux yeux qui les distinguent historiquement. — Vous aurez beau dire et beau faire, la branche d'Anjou issue de Philippe V n'en reste pas moins d'Anjou. C'est pourquoi Don Carlos s'appelait hier et aujourd'hui « Charles d'Anjou, Roy d'Espagne, d'Arragon, de Navarre et des Indes » ; et demain « Charles XI, Roy de France et d'Espagne, Empereur d'Occident. »

Le Tribunal civil de la Seine a donc mal interprété l'histoire en insinuant que « le titre de Duc d'Anjou n'appartient plus aux descendants de Philippe V depuis l'avènement de ce Prince à la Couronne d'Espagne. » Non : les Anjou-Espagne n'ont pas plus perdu leur nom d'Anjou et leur titre de Princes Français, que ne le perdirent les Anjou-Sicile, les Anjou-Hongrie, les Anjou-Lorraine, puisqu'ils affichaient leur ***nom muet*** dans leur Blason, dans leurs monnaies et dans leurs sceaux.

Et lorsque le frère de Henri II et de Charles IX, Henri de France fut élu Roy de Pologne, comment s'appelait-il ? Henri d'Anjou, écartelant d'Anjou et de Pologne. Quand, hors de France et Roy de Pologne déjà depuis un an, il apprit la mort de son frère Charles IX, il revint en hâte occuper le Trône, comment s'appelait-il ? Henri de Pologne ? Non : Henri d'Anjou ! Ici l'analogie est frappante avec la situation actuelle : quand le trône est vacant, quand Henri V de France a disparu avec la branche de Bourgogne, c'est Charles d'Anjou et d'Espagne qui doit venir se faire saluer : le Roy ! Dieu me garde d'un mot offensant pour Messieurs les Princes d'Orléans qui sont Princes Français ; mais je dois à la vérité de dire qu'ils ne sont encore que sur la trentième marche du Trône. Je dis aussi « avec des larmes dans la voix » que je ne puis avoir aucun respect pour ceux qui, près d'eux, ont soudoyé les traîtres qui nous ont vendus à l'Allemagne en 1870 et ont ouvert devant l'Europe le gouffre de l'Alsace-Lorraine. Je les plains en face de la coalition juive qui met et tient la France à deux doigts de sa perte ; je plains surtout ce jeune Duc d'Orléans qu'un complot de policiers a fait proscrire, et qui, dans ce jeu de trahisons, se prévaut du Traité d'Utrecht, de l'écrasement de son pays et de la protection de l'Étranger pour tenter d'obscurcir le Droit des descendants de Louis XIV.

⁂

Lorsque Louis XIV voulut rendre à la France ses anciennes limites par la conquête et la Diplomatie, l'Europe s'arma contre lui. Il fut vaincu. Déjà il nous avait rendu la Lorraine et l'Alsace et d'autres provinces. Il marchait jusqu'au Rhin. L'Europe craignant la réunion de l'Espagne à la France, dénonça les projets du Grand Roy et l'écrasa. ***On lui imposa*** le Traité d'Utrecht et la Renonciation de son fils Philippe V au trône de

France, comme on nous imposa le traité de Francfort en 1870 et la renonciation à nos provinces du Rhin.

Si, en 1700 Louis XIV avait accepté le Testament de Charles II et déclaré roy d'Espagne son petit-fils le Duc d'Anjou proclamé solennellement à Madrid, il avait en même temps déclaré que Philippe V, malgré sa qualité nouvelle et sa non-résidence en France, y conserverait les droits de sa naissance : « Voulons, dit-il, que notre très cher et très amé petit-fils le Roy d'Espagne, conserve toujours *les droits* de sa naissance de la même manière que s'il faisait sa résidence dans notre Royaume. » C'était une simple consécration de la Loi salique qu'il ne pouvait enfreindre. En cas d'extinction de la branche de Bourgogne, « nostre dit petit-fils le Roy d'Espagne, usant des droits de sa naissance, soit le vray et légitime successeur de notre Couronne et de nos États, nonobstant qu'il fust absent et résident hors de nostre Royaume. » Rien de plus clair et de plus précis. Et si les Renonciations imposées par le Traité d'Utrecht sont venues suspendre ces droits comme un expédient *forcé* de guerre, ces droits n'en sont pas moins imprescriptibles et inaliénables. En conservant son titre et sa qualité de « Fils de France », le Roy d'Espagne gardait son droit de nature et du sang, et si la force le suspendait, elle ne pouvait l'anéantir. Donner au Traité d'Utrecht la vigueur d'une Loi Française, le placer au-dessus de la Loi salique, c'est un crime contre la France et l'on retrouve sous ces raisonnements, la main des Juifs qui ont livré l'Alsace et la Lorraine à l'Étranger en 1870.

Un Roy peut abdiquer ou mourir : qu'il parte ; son successeur est tout prêt, désigné par la Loi fondamentale de la Monarchie, la Loi salique. Henri V ne pouvait « reconnaître le Comte de Paris pour son successeur » : il n'en avait pas le droit et *il ne l'a pas fait.* Il « n'avait pas à régler son héritage royal » ; il l'a laissé intact.

Les Renonciations de 1713 n'ont jamais été valables, elles ne furent qu'un *expédient.* Une clameur universelle a anéanti dans l'histoire le Traité d'Utrecht depuis près de deux cents ans ; nous avons vu s'élever contre les Renonciations d'Aguesseau, Voltaire, Saint-Simon, Lous-Philippe Ier lui-même. Les États Généraux de 89, la Constituante de 91 ont maintenu, contre la branche d'Orléans, la succession par ordre de primogéniture, refusé de reconnaître ces Renonciations, réservé le droit. N'est-ce pas contre le traité d'Utrecht que le Duc de Montpensier-Orléans a reçu des Cortès la qualité d'Infant et le droit de succéder au Trône actuel.

Il est nécessaire et il est temps de rentrer dans la Loi salique, de rendre à la maison de France son unité et de remettre à notre tête les descendants de Louis XIV

LE TOME Ier comprend : la notice sur le héraut Gelre et les Poésies héraldiques, — les Défis contre Jean III ; — la Bataille de Staveren, — Petite Chronique de Brabant, — Chronique de Hollande, — Douze éloges ou Chants narratifs : Henri van Nueft, — Rutger de Raett, — Thierri van Elnaer, — Daniel de la Merwede, — Jean de Spanheim, — Guillaume de Hainaut, — Rodolphe de Nidou, — Gérard de Holstein, — Renaud de Fauquemont, — Vernenborch, — Adam de Mabbertingen, — Guillaume de Juliers ; — Avec des notes historiques, heraldiques et philologiques pour les personnages et les poëmes. Ce volume renferme 37 feuilles de texte et 44 planches *coloriées à la main* reproduisant les nuances des couleurs, avec tous les *défauts* et les *ratures* de l'original, de sorte que chaque exemplaire est un manuscrit nouveau.

Au point de vue de l'Histoire, de l'Architecture et des Beaux-Arts, ce 1er volume renferme des revelations inattendues, et la Linguistique y a deja puisé de nouveaux elements. — Les chants narratifs de ce volume sont ceux qu'on chantait les jours de fêtes dans les grands Burgs devant le peuple assemblé : ce sont les restes d'une poésie primitive qui permettent, avec nos Minnesinger, de remonter jusqu'au Recueil perdu formé par Charlemagne de tous les chants guerriers du peuple franc. — Un supplément à ce tome Ier est consacré au fragment du feuillet de Gotha.

LES TOMES IV ET V renferment 29 planches portant 14 grandes armoiries de Souverains et 250 de Chevaliers, toutes *peintes à la main en facsimile de l'original;* 13 planches en heliogravure ou photogravure de sceaux et contre-sceaux tirés des Archives de Paris, de Vienne et de la Tour de Londres; quatre photogravures de miniatures tirées du Froissart ms. de notre Bibliothèque Nationale; trois photogravures presentant la genealogie des rois d'Ecosse, tirée de la Bibliothèque Mazarine à Paris; une centaine de gravures dans le texte représentant des sceaux, des medailles, des monnaies, etc. — Il comprend dans leur ordre diplomatique, l'Angleterre, — l'Espagne, — l'Aragon, — l'Ecosse, — la Suède, — le Roy de Navarre, — le Roy de Norwège, — le Roy de Portugal, — la Sicile-Anjou, — la Sicile-Arragon, — la Bohême encore, — le Roy de Chypre, — le Roy d'Armenie, — l'Autriche, — et la Bretagne.

LES TOMES II & III QUE NOUS METTONS EN VENTE

COMPRENNENT

Trois cent seize armoiries en trente planches *coloriées à la main en facsimile*, précédées de celle du Couronnement de l'Empereur Charles IV, où sont les portraits des sept Electeurs de l'Empire. — Viennent ensuite, dans leur ordre de préséance etabli par la Bulle d'or, les trente planches. Sur la 1re, le Kayser est entouré de ses parents et alliés : Misnie, Moravie, Lorraine, Bar, Teck, Wertheim, Monferrat, Landau, Bade, Neubourg et Daun, libres et indépendants. Après viennent les Electeurs de Mayence, Cologne et Trèves, successeurs des trois grands Evêques partis d'Orient évangéliser les Tribus asiatiques qui étaient venues s'établir sur les deux rives du Rhin avec leurs chefs dont la plupart remontent ainsi à vingt siècles, et sont ici ranges avec *leurs signes de ralliement* . les Nassau, Spanem, Kibourg,

Fribourg, Isenbourg, Rineck, La Marck, Neufbourg, Aremberg, Cronberg, Frankenstein, Gontheim, Wied, Wernenboreh, Hanau, Sarbruck, Epstein, Bitche, Manderscheit, Kerpen, Monjardin, Homborg, Montfort : les trois Rois mages qui dorment sous le Dôme et représentent l'Arabie, Saba et Tharsis ; Drakenfels, Odenkirck ; les Troyens et les Tisserands de Cologne ; Landscron, Ratzen, Ruychrock et les Charpentiers ; les cités lacustres ; Hammerstein et ses *marteaux* préhistoriques *de pierre éclatée ;* Chors qui porte un nom chaldéen ; les Salmes, vieux sicambres qui portent un nom celtique ; un Plettenberch inconnu aux généalogistes ; Dagstul et ses *poutres,* Mommerloch et ses *échelles,* Quattermartt, et ses *ponts superposés,* tous ingénieurs ! Loëf, Nagel, Schonborn, Montjardin, Pittange, Weltkirck, Œyck ou Créqui, etc. ils sont là cent vingt avec leurs couronnes de saphirs, de diamants, de topazes et d'émeraudes ; leurs cimiers d'Orient qui rappellent la faune préhistorique, les grands aurochs que les ancêtres ont abattus, le Protée, le Dragon, le Griffon qui vivait au Caucase, et dont nos armoiries démontrent l'existence.

Le Roy de Bohême qui vient après les trois Evêques, est l'Empereur même Charles IV de Luxembourg, entouré de onze chevaliers ; les Rosenberg qui sont les Ursins ; les Biberstein venus du Rhin ; Berchgou, Wartenberg, Lippe ou Duba. — Viennent ensuite les trois Electeurs laïques, le Palatin du Rhin, le duc de Saxe et le margrave de Brandebourg, accompagnés de cinquante-huit chevaliers seulement, les autres étant *absens* pour les guerres civiles ; mais derrière eux la Bavière, la Souabe, le Nuremberg et l'Hildesheim, toute la race de Vitikind, Leuchtenberg, Falkensteyn ; la Basse Saxe et les Slavons ; *la Cavale* de Saxe ; Brunswick l'origine orientale des Ascaniens, *Ascanaz ;* les Linons ; Tecklenbourg, l'Ours préhistorique, le grand *Ursus spelaeus* abattu par Hoya et dont les pattes tannées par un spécialiste d'autrefois sont restées dans l'écu et le cimier du chasseur ; Anhalt qui tient aussi aux Ursins ; Benthem et ses *globes,* Oldenbourg et la Chersonèse cimbrique ; Waldeck et Sternberg avec leurs *étoiles* de Tatars ; Pyrmont, Berghe, Nydau, un preux ; Thuringe, Misnie, Angrie, Pappenheim, Schowenberg, qui touche aux Holstein ; les deux Brueckusen, si éteints qu'on les retrouve à peine, Oettingen, toujours debout. — Puis les Agilolfings, les Welfes, les d'Este en Bavière ; les Staël-Holstein ; le duc de Souabe qui est Wirtenbergh ; Waldpurg ; Traun-Abensberg ; le Munck de Basele, un colosse qui tenait les brides du cheval de Jean l'Aveugle tombant pour la France à Crécy et tombant avec lui ; Honstein, Pettinghen, Mandelslo, Niederbroon ; Greiffenstein, avec son *Griffon* du Caucase ; Waech, avec ses *haches* préhistoriques ; Conrad de Turinghen ou les Wendes et les Slaves ; Lockou qui est le Wendland mis à nu ; l'évêque de Wurtzbourg qui marchait avec sa crosse et son épée ; Schliben, Waldpot et les Chevaliers Teutoniques ; Sansheim qui est Schwarzenberg ; Brunegg-Hohenloë, Kokeritz, Hattstein, Waldau, Grans, Wisbeck, Raemstein, Erbach, Waldpurch, Giech, Lyden, Cramme et Harff ; Lanther qui est la Tour et Taxis ; Adelmansfeld ; Duetzem, Deutsch, ce Thiois qui porte le nom de sa race ; Rodenstein dont les *haches* ont commandé le défrichement des forêts quand tout un peuple est venu s'installer dans les marais de la Frise ; le *licou* des Mengersreuth qui a conduit l'immigration dans ces contrées quand une couche d'eau et de glace s'est retirée vers le pôle, laissant à nu cette partie de l'Europe ; Scharpfenstein avec *sa poutre* et *ses briques*, représentant un chef de tribu ayant en main les matériaux qui ont construit les premiers abris, toutes *armes parlantes* qui donnent à l'œuvre de Gelre une valeur qu'on n'avait pas encore remarquée. Enfin, les Zollern-Hohenzollern chez qui j'ai découvert *le roy Dancus et les Fauconniers de Souabe* ramenant de Babylone aux Alpes de Suève, les Faucons, les Autours et les Eperviers, ces merveilleux oiseaux chasseurs qui auront peut-être bientôt disparu.

Le volume qui comprend LA FRANCE est sous presse, et les derniers tomes, VII et VIII, seront bientôt prêts : ils contiendront le Brabant, — les Flandres, — la Hollande, — les pays de Juliers, — de Gueldre, — de Bergues, — de Clèves, — de Liège, — la Hesse, — le Holstein, — Nassau, — Mecklenbourg, — la Chevalerie d'Orient, — l'Evêché d'Utrecht, — La Mark, — Munster, — le Grand-Maître de Prusse.

Ces deux volumes, tirés à CENT exemplaires comme les précédents, grand in-4 raisin, contiennent chacun 400 pages de texte, non compris les 30 planches des armoiries coloriees, *vingt* planches de sceaux *en photoplatine*, quatre planches tirées des verrières de La Haye et autres reproductions tirées des Archives de France et de l'Etranger.

Ceux qui, en dehors de nous ont voulu reproduire quelques-unes des planches n'ont pas réussi. Pour arriver à mon but que je poursuis depuis vingt-cinq ans déjà, j'ai dépensé plus d'argent que l'ouvrage ne m'en rapportera, parce que j'ai voulu faire du Héraut Gelre un monument, le commentaire vivant des *Chroniques de Froissart* qui ne peuvent se comprendre qu'avec le Héraut.

Nous possédons 900 sceaux de ces Chevaliers que nous ferons graver pour servir de contrôle au Texte et aux Armoiries, et nous avons acquis une trentaine de photographies du grand manuscrit de Breslau que nous ferons aussi photograver.

Quoique le prix de l'ouvrage paraisse élevé, il ne l'est pas en raison du travail et de l'importance des Documents qu'il renferme. — Le coloris des planches (200 par exemplaire) vaut à lui seul la moitié du prix. Aucun ouvrage de ce genre n'a jamais paru et ne peut paraître en librairie dans ces conditions.

S'adresser, pour toute espèce de renseignements ou communications, à V. BOUTON, 15, rue de Maubeuge, à Paris.

AVIS. — Chaque volume porte ma signature autographe et a été révisé par moi. Je poursuivrai tout détenteur d'un exemplaire auquel elle manquerait.

Paris, fin mai 1896.

www.ingramcontent.com/pod-product-compliance
Lightning Source LLC
LaVergne TN
LVHW020424230826
846091LV00004B/1403
9782019182182